Este livro pertence a:

_____

"A tua palavra é lâmpada que ilumina os meus passos
e luz que clareia o meu caminho."
Salmos 119:105 (118:105)

WILLIAM DOUGLAS

SABEDORIA PARA VENCER

*40 conselhos bíblicos
para superar os desafios da vida*

Copyright © William Douglas, 2015
Copyright © Editora Planeta do Brasil, 2022

Revisão de conteúdo: Daila Fanny
Preparação: Diego Franco Gonçales
Revisão: Fernanda Guerriero Antunes e Carmen T. S. Costa
Diagramação: Vivian Oliveira
Capa: Jonatas Belan
Imagem de capa: adaptada da ilustração de Zmicier Kavabata | Adobe Stock

Todas as citações bíblicas foram extraídas da *Nova Versão Internacional* (NVI), © 2001, publicada pela Editora Vida, salvo indicação em contrário. [Extraído de <https://www.bibliaonline.com.br/nvi/>.]

DADOS INTERNACIONAIS DE CATALOGAÇÃO NA PUBLICAÇÃO (CIP)
ANGÉLICA ILACQUA CRB-8/7057

Douglas, William
  Sabedoria para vencer: 40 conselhos bíblicos para superar os desafios da vida / William Douglas. - 2. ed. - São Paulo: Planeta, 2021.
  192 p.

  ISBN 978-65-5535-584-0

  1. Deus 2. Bíblia - Estudo e ensino 3. Cristianismo 4. Vida cristã I. Título

  21-5228   CDD 220.6

Índice para catálogo sistemático
1. Bíblia - Vida cristã

 Ao escolher este livro, você está apoiando o manejo responsável das florestas do mundo

2022
Todos os direitos desta edição reservados à
EDITORA PLANETA DO BRASIL LTDA.
Rua Bela Cintra, 986 – 4º andar
01415-002 – Consolação
São Paulo-SP
www.planetadelivros.com.br
faleconosco@editoraplaneta.com.br

Sumário

Apresentação 9
Onde encontrar auxílio quando… 13

1. AGRADECIDO 14
2. AMARGURADO OU CRÍTICO 17
3. AMEAÇADO DE INFORTÚNIO OU RECEOSO 20
4. ANGUSTIADO 26
5. ANSIOSO OU PREOCUPADO 29
6. AUSENTE DO LAR OU VIAJANDO 36
7. CANSADO 38
8. COM PROBLEMAS NA JUSTIÇA 43
9. CULPADO 46
10. DEPRIMIDO 51
11. DESANIMADO OU DESMOTIVADO 56
12. NECESSITANDO DE CORAGEM 57
13. DESEMPREGADO 61
14. EM DIFICULDADES OU DESAMPARADO 65
15. EM DÚVIDA OU EM MOMENTO DE DECISÃO ... 70
16. EM PERIGO 76
17. ENFERMO OU NA DOR 79
18. ENFRENTANDO VÍCIOS 81
19. FALTA DE FÉ OU FALTA DE CONFIANÇA 84
20. NECESSITANDO DE ORIENTAÇÃO PARA VIVER ... 89
21. PASSANDO POR SOFRIMENTO, PERSEGUIÇÃO, PRECONCEITOS OU *BULLYING* 94
22. DIFICULDADE PARA DAR OU RECEBER PERDÃO ... 99
23. PRECISANDO CONTROLAR AS PALAVRAS 103
24. PRECISANDO CONTROLAR O TEMPERAMENTO ... 106

25. PRECISANDO DOMINAR O ORGULHO E A VAIDADE SOZINHO 108
26. PRECISANDO DE SALVAÇÃO OU DESVIADO 112
27. COMO BUSCAR A DIREÇÃO DE DEUS NA SUA VIDA........................118
28. REMOENDO O PASSADO................................124
29. LIDANDO COM A INVEJA................................127
30. FALTA HONESTIDADE OU HIPOCRISIA/MENTIRA........................131
31. LIDANDO COM A MORTE................................136
32. LIDANDO COM O TEMPO OU ADMINISTRANDO TEMPO..............141
33. PERDIDO OU NECESSITANDO DE ORIENTAÇÃO............................145
34. NECESSITANDO DE PAZ................................148
35. TENTADO................................151
36. TORNANDO-SE UM LÍDER................................154
37. TRISTE................................156
38. SUCESSO OU VIDA PROFISSIONAL 158
39. VENCIDO OU DERROTADO 166
40. VINGANÇA – DESEJO DE SE VINGAR/SER VINGATIVO 168

Anexos 173
A farmácia da alma 187

Apresentação

Este livro é um presente para você.

Um presente agora revisado e melhorado! Gosto muito deste livro e por isso quis aperfeiçoá-lo, e o resultado você tem em suas mãos.

Aqui você encontrará os textos e as experiências que mais ajudaram em minha jornada. É um conjunto de sabedoria que servirá para qualquer pessoa, religiosa ou não, pois contém um resumo dos ensinamentos da Bíblia que pus em prática. A Bíblia mudou a minha vida, minha forma de entender o mundo e minhas perspectivas. Ela traz lições muito úteis para a vida pessoal, profissional, financeira e emocional.

Minha forma de agradecer a imensa ajuda que este livro me deu foi selecionando os trechos mais importantes e organizando-os por assunto, possibilitando, assim, que o leitor encontre com mais facilidade todo o poder, sabedoria e orientação de que precisa para o cotidiano e para buscar sua realização e felicidade. É uma forma de agradecer pelo bem que recebi.

O livro tem o formato de "farmácia de pensamentos", tratando de momentos pelos quais todos passamos, cedo ou tarde. Assim, ele pode ser lido de forma contínua ou utilizado como consulta. Cada tema é autônomo e pode ser lido em ordem aleatória. Se quiser, percorra o livro uma vez para conhecê-lo e volte aos capítulos se e quando estiver passando por algum desafio específico.

Os anexos contêm orações e mensagens que me ajudaram a superar dificuldades; desejo que elas possam ajudá-lo também.

Espero que goste do presente e que este livro lhe seja útil. Se for, lembre-se de que eu apenas sistematizei temas bíblicos: a grande força dele não vem de meu trabalho, mas, sim, da Bíblia.

Com votos de saúde, paz e felicidade, e fraternalmente,

William Douglas

AVISO IMPORTANTE

Os Salmos da Bíblia católica e evangélica são os mesmos, mas, por vezes, apresentam numeração diferente. Nesses casos, colocamos as duas numerações. Por exemplo:

Salmos 112:7,8 (111:7,8)
Bíblia evangélica (Bíblia católica)

O primeiro número é o da Bíblia evangélica e o segundo, entre parênteses, é o da Bíblia católica.

Onde encontrar auxílio quando...

Os desafios fazem parte da vida de todos, mas poucos são os que conseguem observar a oportunidade de aprendizado e superação que eles representam. Menor ainda é o número de pessoas que aproveitam a sabedoria da Bíblia para enfrentar suas lutas diárias. A Bíblia é o melhor manual de sucesso e superação pessoal que já foi escrito. Além dos assuntos relacionados à religião, ela traz importantes lições que podem transformar a sua vida pessoal, familiar e profissional.

A Bíblia, como manual de fé e prática, como código de conduta do cristão, é, sem dúvida alguma, o livro mais completo já escrito. Seu conhecimento pode ser aplicado a todas as áreas, dos negócios aos relacionamentos, abrangendo todas as crenças – ou mesmo não crenças – e em todas as situações. Aquele que aprender com a Bíblia, colocando-a em prática, vai se transformar em uma pessoa sábia e hábil para vencer os desafios da vida. E estará preparado para exercer uma das mais nobres e difíceis atribuições que podemos ter: ser cristão e causar um impacto positivo ao nosso redor e na sociedade. Às vezes, as pessoas têm dificuldades de achar a resposta bíblica específica para a situação que estão passando. Para ajudá-las a achar a resposta de cada desafio, reuni alguns textos e teci uma lista de circunstâncias frequentes em nosso dia a dia, as quais precisamos superar para ter uma vida próspera e feliz.

1. AGRADECIDO

A gratidão é uma flor rara e que, em geral, murcha rapidamente. Por outro lado, é extremamente poderosa, nos torna mais humanos e tem imenso potencial transformador. Ser grato é uma das características das pessoas felizes. E, mais que sentimento, a gratidão é uma atitude. Quem desejar ser alguém acima da média, mais feliz e influente, exercerá *atos* de gratidão. Isto mesmo: o primeiro passo é descobrir os motivos para ser e estar agradecido, e o passo seguinte é transformar a gratidão em palavras e gestos.

A gratidão sela um ato de bondade, fazendo com que aquele que foi beneficiado retribua. Tente sempre demonstrar ao seu benfeitor sua satisfação e que ela ultrapassa o nível meramente material. Ser grato é uma forma de demonstrar que você reconheceu o ato realizado por outrem, é como uma celebração. A gratidão também pode ser exercida com o gesto do "passe adiante". Alguém faz uma boa ação para você, você agradece, mas também pode somar a isso uma boa ação para um terceiro. Este é o "passar adiante", ou a "corrente do bem".

A Bíblia é uma fonte inesgotável de conhecimento que temos à nossa disposição. Suas histórias nos impactam das mais diferentes formas e são capazes de subverter a lógica de nosso cotidiano. Muitas desafiam padrões vigentes na sociedade, colocando em xeque o modo como vivemos. Uma delas, contada em Lucas 17, versa justamente sobre gratidão:

A caminho de Jerusalém, Jesus passou pela divisa entre Samaria e Galileia. Ao entrar num povoado, dez leprosos dirigiram-se a Ele. Ficaram a certa distância e gritaram em alta voz: "Jesus, Mestre, tem piedade de nós!". Ao vê-los, Ele disse: "Vão mostrar-se aos sacerdotes". Enquanto eles iam, foram purificados. Um deles, quando viu que estava curado, voltou, louvando a Deus em alta voz. Prostrou-se aos pés de Jesus e lhe agradeceu. Este era samaritano. Jesus perguntou: "Não foram purificados todos os dez? Onde estão os outros nove? Não se achou nenhum que voltasse e desse louvor a Deus, a não ser este estrangeiro?". Então Ele lhe disse: "Levante-se e vá; a sua fé o salvou".
Lucas 17:11-19

    No episódio, Jesus revela que esperava o retorno de todos os dez leprosos curados para agradecer-lhe pela bênção e se surpreende quando retorna apenas o samaritano. Para interpretar a lição em sua totalidade, alguns conhecimentos são necessários: os samaritanos eram considerados infiéis e, por isso, marginalizados da sociedade; o mesmo tratamento era dado aos leprosos, pois se acreditava que essa era uma condição associada ao pecado e à promiscuidade. Justamente o mais discriminado foi o que mostrou mais gratidão, pois voltou para agradecer.

    Jesus certamente praticava a sua própria recomendação: "Amem, porém, os seus inimigos, façam-lhes o bem e emprestem a eles, sem esperar receber nada de volta. Então, a recompensa que terão será grande e vocês serão filhos do Altíssimo, porque Ele é bondoso para com os ingratos e maus" (Lucas 6:35). Decerto ficou entristecido porque a falta de gratidão daqueles nove revela que ainda eram imaturos. Jesus sabia quanto a gratidão faz o bem para quem a exerce. Repare que aquele que voltou recebeu mais de Jesus, ouvindo que "a sua fé o salvou". A cura da lepra foi apenas uma parte! O processo de cura só foi completo para aquele que exerceu a gratidão! Nesse, que foi grato, Jesus pôde trabalhar a cura do exterior (lepra) e do interior (alma). Quem deu mais (a gratidão) recebeu mais.

A gratidão opera milagres ainda maiores naqueles que a demonstram. Ser grato, muito mais do que ser educado, é criar um laço permanente com quem o ajuda, uma ligação positiva e transformadora. É honrar a quem merece honra, que é um princípio bíblico. É se tornar mais humano.

Por fim, tenho de registrar outra preciosa lição desse texto: a cura da lepra não foi imediata, mas durante a caminhada. Aqueles leprosos aceitaram o desafio de, mesmo ainda não estando curados, começar a caminhar em direção ao templo. Isso é fé! E a fé funciona, a fé muda as coisas. Fé é obedecer e caminhar... E, quando caminhamos, somos curados!

Então, o que recomendo é que você liste seus motivos de gratidão e a exerça. Encontre formas de demonstrar esse sentimento. Usar mais a palavra "obrigado" já é um excelente começo. Tente também fazer ligações, mandar e-mails, agradecer e elogiar as pessoas em particular e em público etc. Outra forma é presentear. Mesmo que sejam de pequeno valor econômico, os presentes valem pelo que simbolizam. Já em relação ao que você fizer pelos outros, aprenda a receber a gratidão quando ela vier, mas nunca faça o bem esperando receber algo em troca ou reconhecimento. Como eu disse, a gratidão é uma flor rara. Saiba que Deus, que tudo vê, se agrada da atitude de gratidão, e Ele mesmo a recompensa. Sempre.

> Deem graças em todas as circunstâncias, pois esta é a vontade de Deus para vocês em Cristo Jesus.
> 1Tessalonicenses 5:18

Por meio de Jesus, portanto, ofereçamos continuamente a Deus um sacrifício de louvor, que é fruto de lábios que confessam o seu nome.
Hebreus 13:15

[...] Dediquem-se à oração, estejam alertas e sejam agradecidos.
Colossenses 4:2

[...] pois nada trouxemos para este mundo e dele nada podemos levar; por isso, tendo o que comer e com que vestir-nos, estejamos com isso satisfeitos.
1Timóteo 6:7-8

Não digam, pois, em seu coração: "A minha capacidade e a força das minhas mãos ajuntaram para mim toda esta riqueza". Mas lembrem-se do Senhor, o seu Deus, pois é ele que lhes dá a capacidade de produzir riqueza, confirmando a aliança que jurou aos seus antepassados, conforme hoje se vê.
Deuteronômio 8:17-18

2. AMARGURADO OU CRÍTICO

Há momentos na vida em que somos invadidos pela amargura e pela crítica. Pode acontecer quando confrontados, quando derrotados, diante de uma decepção forte ou quando questionamos nossa fé. A amargura, como o escuro, quando se apagam todas as luzes, tende a se expandir em todas as direções e tomar aquele que a experimenta. Contorná-la nem sempre é uma tarefa simples, mas é a única maneira de alcançar a paz interior, necessária até mesmo para ter força para enfrentar a situação que nos amargurou.

A soma de atitudes e pensamentos define os comportamentos, e estes geram os resultados. E, claro, somos nós quem definimos, pela escolha ou pela omissão, quais serão nossas atitudes (posturas diante da vida e dos desafios), nossos pensamentos (o primeiro "campo de batalha") e nossos comportamentos (que, no final das contas, são o que mudam a realidade material, o mundo exterior).

A questão é que ficar amargurado só vai fazer mal a você mesmo, imobilizá-lo e tornar seu dia pior. É preciso enfrentar esse sentimento. Mas como fazer isso? Como enfrentar as crises (coletivas e pessoais), demissões injustas etc.?

Viktor Frankl foi um psicólogo que ficou preso por anos em um campo de concentração da Alemanha nazista, o que o obrigou a lidar com uma crise provavelmente bem maior do que as que enfrentamos. No campo de concentração, tudo está perdido: a família, a roupa do corpo, o emprego, o futuro, tudo. Todo o patrimônio e todos os direitos são tomados, desfeitos, confiscados. Fome, humilhação, medo, sofrimento e tortura são a regra. Certamente ele passou por problemas mais graves que a maioria de nós.

Nesse cenário, Frankl desenvolveu o que chamou de "a última liberdade humana", qual seja, a capacidade de "escolher a atitude pessoal que se assume diante de determinado conjunto de circunstâncias". Esse homem realizou sessões terapêuticas com seus companheiros de prisão, e um dos seus desafios era: "Como despertar num paciente o sentimento de que é responsável por algo perante a vida, por mais duras que sejam as circunstâncias?". Para ele, "a vida tem um sentido potencial sob quaisquer circunstâncias, mesmo as mais miseráveis". E logrou êxito ao provar sua tese em uma situação tão extrema.

O que esse homem viveu e ensinou é que, se continuarmos tendo fé na vida e trabalhando, adquirindo conhecimento e experiência, seguindo valores éticos e pessoais seguros, é possível enfrentar com dignidade as mais difíceis provações. Esses valores não se apequenam diante das crises, ao contrário. Como diz o próprio Frankl, sucesso e felicidade – e acrescentaria ainda riqueza e dinheiro, ao menos para serem obtidos de modo seguro – têm um segredo: quanto mais se procura, menor a chance de encontrar.

Diz Frankl: "O sucesso, como a felicidade, não pode ser perseguido; ele deve acontecer e só tem lugar como efeito colateral de uma dedicação pessoal a uma causa maior do que a pessoa, ou como subproduto da rendição pessoal a outro ser. A felicidade deve acontecer naturalmente, e o mesmo ocorre com o sucesso; vocês precisam deixá-lo acontecer não se preocupando com ele. Quero que vocês escutem o que sua consciência diz que devem fazer e coloquem-no em prática da melhor maneira possível. E então vocês verão que, em longo prazo – estou dizendo em longo prazo! –, o sucesso vai persegui-los, precisamente porque vocês esqueceram-se de pensar nele". Uma forma de enfrentar intempéries é escolher como lidar com elas e se dedicar a uma causa maior, seguir a consciência e fazer as coisas da melhor maneira possível. Isso dará força para enfrentar o momento difícil e, em longo prazo, terá como efeito colateral, como subproduto: sucesso, felicidade, riqueza, paz de espírito.

Embora possam existir decisões pontuais, grandes, emblemáticas, em regra o que define os resultados é uma série de milhares de pequenas decisões cotidianas que adotamos. Não se deixar levar pela amargura é uma delas. Encerre a pendência que gera esse sentimento, bata o carimbo de "Caso Encerrado" naquilo que o está impedindo de dar o próximo passo.

Henry Thoreau disse certa vez: "Não é o que olhamos que importa, é o que vemos". A cada injustiça, não foque no malfeito, mas observe como você pode crescer como pessoa perante aquela situação. Utilize sua "última liberdade humana"!

> Na minha angústia, clamei ao Senhor; clamei ao meu Deus. Do seu templo ele ouviu a minha voz; o meu grito de socorro chegou aos seus ouvidos.
> **2Samuel 22:7**

> Davi ficou profundamente angustiado, pois os homens falavam em apedrejá-lo; todos estavam amargurados por causa de seus filhos e suas filhas. Davi, porém, fortaleceu-se no Senhor seu Deus.
> **1Samuel 30:6**

> [...] Que nenhuma raiz de amargura brote e cause perturbação, contaminando a muitos.
> **Hebreus 12:15b**

Outros textos interessantes:
Oração do amor (p. 179)
Caso encerrado (disponível no QR Code abaixo)

3. AMEAÇADO DE INFORTÚNIO OU RECEOSO

O medo é uma coisa boa, acredite. Pesquisas revelaram que as pessoas, indagadas sobre o que temem, citam mais o medo de falar em público do que o medo de morrer. Eu, que, como palestrante, já passei de dois milhões de ouvintes, sei o quanto o medo de falar em público é importante para ser um bom orador. Tenho medo até hoje, e é esse medo que faz com que eu me prepare, treine e fique com aquelas borboletas na barriga quando subo no palco. E, se tudo der certo, ao longo da palestra as borboletas voam. O medo é uma ferramenta que pode nos fazer levar as coisas mais a sério.

Outra experiência que tive com o medo foi no quartel, de onde saí Oficial da Reserva da Arma de Infantaria. Era 1986 e recebíamos instrução para lidar com explosivos. Eu, naturalmente, estava bastante receoso. Percebendo meu estresse, o Oficial Instrutor informou que não existiam registros de acidentes com explosivos envolvendo alunos inexperientes. Ele disse que tais acidentes só ocorrem com pessoas que lidam há muito com os explosivos, pois perdem o "respeito" por eles. São os peritos que se tornam menos cautelosos e deixam de seguir todos os protocolos de segurança porque já perderam o medo. Então, mais uma vez, confirmo a você: um pouquinho de medo faz bem à saúde. É a prova de que nosso instinto de preservação e sobrevivência está funcionando.

Viver é arriscar-se. Estamos sempre em risco, quer tenhamos consciência disso ou não. Por outro lado, a maior parte das pessoas passa muito tempo sofrendo com riscos imaginários, ou imaginando coisas que até podem acontecer, mas não acontecem. Se você está se sentindo com medo ou ameaçado de algum infortúnio, há três coisas a fazer.

Em primeiro lugar, precisa parar e – com serenidade – refletir até que ponto está se angustiando com algo real ou imaginário, e até que ponto o medo pode lhe ajudar a ser mais cuidadoso e prudente. O medo é como a sombra: dependendo do ângulo pelo qual dirigimos a luz, algo pequeno pode se tornar maior que um grande monstro. Há um provérbio alemão que diz que "o medo faz o lobo parecer maior do que ele é". Da mesma forma, dizem que o medo da morte é pior do que a morte. O pavor, como qualquer outra emoção, é contagioso. Um soldado assustado pode colocar todo o seu exército em pânico. Nelson Mandela conta que aprendeu que a "coragem não é a ausência do medo, mas o triunfo sobre ele". Nelson diz que, "se fizermos o que tememos, a morte do medo é certa". Enfim, devemos agir apesar do medo. E, com ou sem medo, antes de agir temos de pensar. Quem falha em planejar, planeja falhar.

Ocorre que, assim como a dose é a diferença entre o remédio e o veneno, o tamanho do medo e a forma como lidamos com ele serão a diferença entre usar o medo como algo positivo ou deixá-lo se transformar em algo ruim, imobilizador ou apavorante. O problema não é termos medo, mas aprendermos a lidar com ele. Afinal, como Gandhi dizia: "O medo tem alguma utilidade, a covardia não". Não se deixe levar, no entanto, por criações ou, parafraseando Renato Russo, "fantasmas da nossa imaginação". Seja senhor de suas próprias emoções.

Em segundo lugar, você deve pensar se há algo que possa fazer para evitar ou reduzir o risco que entende estar correndo. Às vezes, você pode ficar preocupado com a sorte e o azar, isso acontece, mas até que ponto eles podem influenciar nossa vida? Em tudo que vivenciamos, existe uma parcela do imponderável; são aqueles eventos/situações para os quais não estamos necessariamente preparados e podem resultar em infortúnios.

Evidentemente, é difícil prever quando uma dessas situações ameaçará a estabilidade de nossa rotina, mas se preparar para imprevistos é uma forma de evitar tais reviravoltas. O caráter aleatório de um acontecimento não é proporcional ao quão preparado para enfrentá-lo você pode estar.

Contudo, existe uma hora em que, após fazer o que pode ser feito, tudo que resta é seguir em frente, colocar para Deus suas ansiedades e continuar sua vida. A própria Bíblia afirma que temos de fazer a nossa parte, e, para isso, algumas ferramentas são básicas: motivação, garra, capacidade de superação e flexibilidade.

Por fim, entenda que o medo é muito útil enquanto fica como aquele cachorro bravo que nós seguramos pela corrente. Ele não pode sair solto, desembestado, mordendo nossos planos e sonhos. Ele é ótimo quando usado apenas como um cachorro sob nossas rédeas, quando usamos um pouco da nossa natureza animal para assustar e afastar os riscos desnecessários, a indolência, a imprudência e a negligência.

Por isso questiono: o seu receio é do tipo que ajuda ou que atrapalha? Se ajudar, use-o sem se deixar imobilizar por ele. Se atrapalhar, aprenda a vencê-lo: não se preocupe com ele, desfoque a preocupação, "contra-ataque" com imagens e mensagens positivas. Pense no seguinte: "Se um problema tem solução, não se preocupe; se não tem solução, para que se preocupar?".

No meu caso, sempre coloquei minhas preocupações nas mãos de Deus (Filipenses 4:6,7). Sim, Deus nos diz, em toda a Bíblia, para não termos medo. Alguém que, ao sentir medo, analisa a situação e toma as decisões mais sábias é muito corajoso, seja quando dá um passo atrás, seja quando se lança a fazer aquilo que deve ser feito.

A única garantia que temos na vida é a de que ela é cheia de surpresas e mudanças. Não há como evitar isto: enfrentaremos reveses e teremos boas surpresas também. A felicidade não será o resultado das circunstâncias, mas de como você lidará com elas. Mantendo as atitudes corretas, qualquer contratempo é passível de ser contornado.

Concluo com algo importante: Deus diz que mudará nossa sorte (Jeremias 29:10-14). Assim, deixe o imponderável nas mãos dele e faça sua parte, em paz. Cuide da melhor forma que puder daquilo que está em suas mãos e em seu poder e pronto. Em qualquer caso – seja tendo medo, seja sentindo-se ameaçado –, Deus nos dá sua sabedoria para tomarmos as decisões, e sua companhia, independentemente do caminho que escolhermos. Deus trabalha no turno da noite. Podemos dormir tranquilos.

> Não tenha medo; tão somente creia.
> **Marcos 5:36**

> Não temerá más notícias; seu coração está firme, confiante no Senhor. O seu coração está seguro e nada temerá.
> **Salmos 112:7-8 (111:7-8)**

> Pois Deus não nos deu espírito de covardia, mas de poder, de amor e de equilíbrio.
> **2Timóteo 1:7**

> Não tenham medo deles. O Senhor, o Deus de vocês, é quem lutará por vocês.
> **Deuteronômio 3:22**

> Não andem ansiosos por coisa alguma, mas em tudo, pela oração e súplicas, e com ação de graças, apresentem seus pedidos a Deus. E a paz de Deus, que excede todo o entendimento, guardará os seus corações e as suas mentes em Cristo Jesus.
> **Filipenses 4:6-7**

Não tenham medo dos que matam o corpo, mas não podem matar a alma. Antes, tenham medo daquele que pode destruir tanto a alma como o corpo no inferno.
Mateus 10:28

[...] Deus mesmo disse: "Nunca o deixarei, nunca o abandonarei". Podemos, pois, dizer com confiança: "O Senhor é o meu ajudador, não temerei. O que me podem fazer os homens?".
Hebreus 13:5-6

Na minha angústia clamei ao Senhor; e o Senhor me respondeu, dando-me ampla liberdade. O Senhor está comigo, não temerei. O que me podem fazer os homens? O Senhor está comigo; ele é o meu ajudador. Verei a derrota dos meus inimigos. É melhor buscar refúgio no Senhor do que confiar nos homens. É melhor buscar refúgio no Senhor do que confiar em príncipes. Todas as nações me cercaram, mas em nome do Senhor eu as derrotei.
Salmos 118:5-10 (117:5-10)

Mesmo não florescendo a figueira, não havendo uvas nas videiras; mesmo falhando a safra de azeitonas, não havendo produção de alimento nas lavouras, nem ovelhas no curral nem bois nos estábulos, ainda assim eu exultarei no Senhor e me alegrarei no Deus da minha salvação.
Habacuque 3:17-18

Pois não temos força para enfrentar esse exército imenso que vem nos atacar. Não sabemos o que fazer, mas os nossos olhos se voltam para ti.
2Crônicas 20:12

> Prepara-se o cavalo para o dia da batalha, mas o Senhor é que dá a vitória.
>
> **Provérbios 21:31**

Outros textos interessantes:
Salmo 91 (90)
Salmo 112 (111)
Salmo 121 (120)
Salmo 127 (126)

4. ANGUSTIADO

Pode-se afirmar que vivemos em uma sociedade que estimula, ou melhor, incentiva a angústia, uma vez que a privação de boas experiências é seu principal estopim. Angustiamo-nos pela não realização material ou afetiva, por não empreender, por não exercer liderança e pelo seu contrário, e, à medida que passa o tempo, aquilo que gera ansiedade parece multiplicar-se, o que só gera mais angústia. Ao contrário do que se pode imaginar, no entanto, a angústia não é um mal da modernidade, trata-se de um padecimento da alma há muito verificado.

Nas páginas do Antigo Testamento, podemos encontrar dezenas de referências à angústia, descritas em detalhes profundos e perturbadores. O livro de Jó, por exemplo, representa a angústia desse homem enquanto testado, chegando a afirmar: "A aflição e a angústia o apavoram e o dominam; como um rei pronto para bater" (Jó 15:24). A maioria das pessoas já lidou, em algum momento da vida, com essa sensação incômoda e indesejável, que nos faz sentir impotentes.

Até mesmo Jesus relata sua angústia quando, no final de seus dias, ao orar com seus discípulos no jardim do Getsêmani, "Levou consigo Pedro, Tiago e João, e começou a ficar aflito e angustiado" (Marcos 14:33).

Mas o que podemos fazer para lidar com esse mal? Deus nos criou falhos e suscetíveis a todo tipo de emoção, tais como decepções, frustrações, tristeza e angústia. Um primeiro passo para superá-las é aceitar que são próprias da condição humana e que sermos bons cristãos, ou bons seguidores da Palavra dele, não nos torna imunes. Faz parte da experiência e da busca pela felicidade saber enfrentá-las. Agostinho disse: "Fizeste-nos para ti e inquieto está o nosso coração enquanto não repousa em ti" (*Confissões*, I, 1,1), e muitos (entre eles Blaise Pascal) já disseram que a alma do homem tem um vazio do tamanho de Deus. Logo, só Ele poderá preenchê-lo.

O tempo de Deus não é, necessariamente, o que esperamos, e é preciso aprender a lidar com a angústia e a ansiedade de ter seus planos protelados ou completamente modificados. Evite transformar sua fé em mais um motivo de ansiedade e, como afirma o salmo: "Confie no Senhor e faça o bem" (Salmos 37:3) (36:3).

> Bem-aventurados os que choram, pois serão consolados.
> Mateus 5:4

> Não se perturbe o coração de vocês. Creiam em Deus; creiam também em mim.
> João 14:1

> Disse-lhe Tomé: "Senhor, não sabemos para onde vais; como então podemos saber o caminho?". Respondeu Jesus: "Eu sou o caminho, a

verdade e a vida. Ninguém vem ao Pai, a não ser por mim. Se vocês realmente me conhecessem, conheceriam também o meu Pai. Já agora vocês o conhecem e o têm visto". Disse Filipe: "Senhor, mostra-nos o Pai, e isso nos basta". Jesus respondeu: "Você não me conhece, Filipe, mesmo depois de eu ter estado com vocês durante tanto tempo? Quem me vê, vê o Pai. Como você pode dizer: 'Mostra-nos o Pai'? Você não crê que eu estou no Pai e que o Pai está em mim? As palavras que eu lhes digo não são apenas minhas. Pelo contrário, o Pai, que vive em mim, está realizando a sua obra. Creiam em mim quando digo que estou no Pai e que o Pai está em mim; ou pelo menos creiam por causa das mesmas obras. Digo-lhes a verdade: Aquele que crê em mim fará também as obras que tenho realizado. Fará coisas ainda maiores do que estas, porque eu estou indo para o Pai. E eu farei o que vocês pedirem em meu nome, para que o Pai seja glorificado no Filho. O que vocês pedirem em meu nome, eu farei. Se vocês me amam, obedecerão aos meus mandamentos. E eu pedirei ao Pai, e ele lhes dará outro Conselheiro para estar com vocês para sempre".
João 14:5-16

Por isso, por amor de Cristo, regozijo-me nas fraquezas, nos insultos, nas necessidades, nas perseguições, nas angústias. Pois, quando sou fraco é que sou forte.
2Coríntios 12:10

Quando estou angustiado, busco o Senhor; de noite estendo as mãos sem cessar; a minha alma está inconsolável! Lembro-me de ti, ó Deus, e suspiro; começo a meditar, e o meu espírito desfalece.
Salmos 77:2-3 (76:3-4)

No dia da minha angústia clamarei a ti, pois tu me responderás.
Salmos 86:7 (85:7)

Ó nosso Deus, não irás tu julgá-los? Pois não temos força para enfrentar esse exército imenso que está nos atacando. Não sabemos o que fazer, mas os nossos olhos se voltam para ti.
2Crônicas 20:12

Na minha angústia, clamei ao Senhor; clamei ao meu Deus. Do seu templo ele ouviu a minha voz; o meu grito de socorro chegou aos seus ouvidos.
2Samuel 22:7

Outros textos interessantes:
Salmo 42 (41)
Salmo 51 (50)
Salmo 69 (68)
1Coríntios 10:13

5. ANSIOSO OU PREOCUPADO

Se investigarmos a origem da palavra "preocupado", perceberemos que ela é composta pela junção de dois termos: o sufixo "pre" – que implica antecipação, prévia – e "ocupado", o que faz com que "preocupar-se" signifique ocupar-se de algo antes do tempo ou, ainda, ocupar o próprio tempo com aquilo que não deveria ser a ocupação prioritária. Quem se preocupa com algo passa a fazer agora o que deveria fazer depois e aplica seu tempo, sua inteligência, sua energia e seus recursos em algo que deveria ser feito depois e que, algumas vezes, nem seria necessário fazer!

A preocupação, tanto quanto a ansiedade, antecipa algo que não é real. A ansiedade pode até ser boa, como aquela que temos antes de um encontro amoroso, mas em regra não é um sentimento agradável. Se ocorrer, o ideal é que seja fenômeno transitório. Afinal, a ansiedade tira a paz, pode gerar angústia e certamente não faz bem à saúde, pois produz mal-estar físico e psíquico. Ela se configura por um desejo muito forte, uma impaciência, um receio. Na maior parte das vezes, é a expectativa de algum perigo e, como todo medo, normalmente a pessoa imagina um mal maior do que o que realmente existe. Além do mal-estar, um dos seus efeitos é a piora do desempenho de quem é ansioso. Pode ser que o medo do erro é que faça a pessoa errar. Creio que, por isso, Franklin Roosevelt disse que "a única coisa que devemos temer é o próprio medo".

Um certo nível de medo ou ansiedade pode ser positivo, disparando nosso instinto de autopreservação ou nos impulsionando para concluir uma tarefa. Por outro lado, como para a maioria das coisas, o excesso pode ter um efeito devastador. Crise de ansiedade, ataque de pânico, síndrome de burnout, palpitação, tensão e intranquilidade são apenas alguns dos efeitos observados em pessoas demasiadamente ansiosas. A dra. Suzy Fleury, psicóloga da Seleção Brasileira de futebol, chegou a distinguir os níveis de ansiedade que se podem perceber nas pessoas que sofrem pressão constante: irracional, quando a percepção das ameaças é exagerada ou inexistente, a ansiedade manifestada de forma desproporcional; incontrolável, quando a pessoa não consegue desligar o alarme interno, mesmo ao saber que o nível de preocupação é desproporcional; limitadora, se interfere nos relacionamentos, no desempenho profissional/acadêmico ou nas atividades do cotidiano.[1]

---

1 FLEURY, Suzy. Ansiedade, medo e pânico. *Academia Emocional*, 20 out. 2014. Disponível em: <https://academiaemocional.com.br/ansiedade-medo-e-panico.html>. Acesso em: 24 jul. 2021.

Contam que um capelão militar elaborou uma "Tabela de Preocupações" baseando-se nos problemas que homens e mulheres haviam lhe trazido durante os anos que tinha trabalhado naquela função. Ele concluiu que as preocupações se encaixavam nas seguintes categorias:

- 40% das preocupações eram com coisas que nunca aconteceram;
- 30% das preocupações eram com decisões tomadas no passado e que não poderiam ser mudadas;
- 12% das preocupações eram com enfermidades que nunca tiveram;
- 10% das preocupações eram com adultos, crianças e amigos, capazes de cuidar de si mesmos;
- apenas 8% das preocupações eram com problemas verdadeiros.

Assim, ele concluiu que 92% de todas as preocupações referem-se a situações que não podemos controlar e que deveriam ser deixadas nas mãos de Deus.[2]

Enfim, a ansiedade é uma perversão da ordem natural do tempo, seja para o bem, seja para o mal. É antecipar acontecimentos, mas se esquecendo de que nosso controle sobre o futuro é limitado. Podemos semear o que queremos colher, mas sempre existirão surpresas e o imponderável. Não compensa sofrer por antecipação. A ansiedade raramente ajuda, mesmo quando é para algo bom, pois a pessoa perde o prazer do curso

---

2 LUCENA, Alberto. Preocupações. *Pensamentos Lucena*, 11 nov. 2013. Disponível em: <https://pensamentoslucena.blogs.sapo.pt/1165862.html >. Acesso em: 24 jul. 2021.

natural das coisas. A caminhada em direção aos objetivos também deve ser apreciada, viver as fases é positivo.

Penso que o conceito de ansiedade pode ser bem explicado em uma história simples. Imagine que você tem uma fechadura e um molho de chaves à sua frente. Todos os dias, em geral, você leva de um a dois minutos para achar a chave correta e abrir a porta. Um determinado dia, soltam um cachorro bravo assim que você chega na porta. Você não sabe disso, mas o cachorro levaria três minutos para chegar até você, o que significa que, se você levasse o tempo médio, iria abrir a porta e safar-se das mordidas. O que você sabe é que tem uma porta fechada, um monte de chaves na mão e um cachorro querendo estraçalhá-lo. Nessas circunstâncias, me diga: quanto tempo acha que levaria para achar a chave? Costumo perguntar isso em minhas palestras. Em geral, a resposta é que, nesse dia, mais tempo seria gasto, afinal, a pessoa estaria nervosa e estressada com os latidos e o medo do cachorro. Você concorda?

A resposta correta do enigma, no entanto, é: "depende". Se você pensasse no cachorro, levaria mais tempo e algumas mordidas. Se esquecesse o cachorro e se concentrasse nas chaves, levaria provavelmente o mesmo tempo e não seria mordido. Eu digo que esqueceria o cachorro e faria o que tem de ser feito. Em situações como essas, você não pode focar no problema (cachorro), mas na tarefa. O mais comum, no entanto, é que fiquemos pensando no "cachorro" – o tempo curto, as pressões, as dívidas, a quantidade de problemas, os riscos etc. Isso não adianta, apenas atrapalha.

Em uma palestra, um rapaz disse que acharia a chave mais rápido. Inicialmente, pensei que estivesse errado, mas ele me convenceu. Ele disse que, sabendo que havia um cachorro, não focaria no animal, mas, em razão de sua presença, iria prestar mais atenção do que de costume, afinal, naquele dia, ele levaria o assunto mais a sério. Não só admirei a resposta e concordei com ela, mas me lembrei de mim mesmo e de muitos amigos: sabendo que a coisa é séria, a gente se distrai menos. Quando "cai a ficha", a gente não se permite perder tempo.

Há pessoas que ficam pensando nos cachorros; outras, em achar a chave certa. Ficar ansioso é focar no problema, e não na solução; prefira fazer o que tem de ser feito e deixe o resto com Deus. Esteja presente naquilo que faz: quando for a hora do trabalho, trabalhe; quando for a hora do lazer, curta ao máximo. Quando quiser pensar nas coisas ruins, limite-se a usar sua inteligência e planejamento para minorar os riscos. Quando pensar nas coisas boas, lembre que a jornada até chegar lá também deve ser apreciada. "Sucesso não é o destino, mas a jornada", já foi dito. Foque nas chaves. Planeje, organize seu tempo, estabeleça suas prioridades e encha seu coração e sua mente de paz e equilíbrio. Lide bem com os cachorros e as chaves. Há muitas portas boas para serem abertas, e as abriremos se fizermos a coisa certa no tempo certo.

A preocupação e a ansiedade nos desgastam emocionalmente e revelam uma dose de falta de confiança no Senhor. Na Bíblia, a cura para a ansiedade está em depositar sua confiança em Deus. Não estamos sozinhos no mundo nem nessa longa jornada que é a vida. Jesus não determina como lidar com o sentimento; como um bom pai, Ele abre espaço para que possamos desenvolver nossa habilidade de enfrentar os problemas da vida. Faça as coisas em seu tempo.

> Portanto eu lhes digo: Não se preocupem com suas próprias vidas, quanto ao que comer ou beber; nem com seus próprios corpos, quanto ao que vestir. Não é a vida mais importante do que a comida, e o

corpo mais importante do que a roupa? Observem as aves do céu: não semeiam nem colhem nem armazenam em celeiros; contudo, o Pai celestial as alimenta. Não têm vocês muito mais valor do que elas? Quem de vocês, por mais que se preocupe, pode acrescentar uma hora que seja à sua vida? Por que vocês se preocupam com roupas? Vejam como crescem os lírios do campo. Eles não trabalham nem tecem. Contudo, eu lhes digo que nem Salomão, em todo o seu esplendor, vestiu-se como um deles. Se Deus veste assim a erva do campo, que hoje existe e amanhã é lançada ao fogo, não vestirá muito mais a vocês, homens de pequena fé? Portanto, não se preocupem, dizendo: "Que vamos comer?" ou "Que vamos beber?" ou "Que vamos vestir?". Pois os pagãos é que correm atrás dessas coisas; mas o Pai celestial sabe que vocês precisam delas. Busquem, pois, em primeiro lugar o Reino de Deus e a sua justiça, e todas essas coisas lhes serão acrescentadas. Portanto, não se preocupem com o amanhã, pois o amanhã se preocupará consigo mesmo. Basta a cada dia o seu próprio mal.
Mateus 6:25-34

Portanto, humilhem-se debaixo da poderosa mão de Deus, para que ele os exalte no tempo devido. Lancem sobre ele toda a sua ansiedade, porque ele tem cuidado de vocês.
1Pedro 5:6,7

Entregue suas preocupações ao Senhor, e ele o susterá.
Salmos 55:22a (54:23)

Não andem ansiosos por coisa alguma, mas em tudo, pela oração e súplicas, e com ação de graças, apresentem seus pedidos a Deus.
Filipenses 4:6

Para tudo há uma ocasião, e um tempo para cada propósito debaixo do céu: tempo de nascer e tempo de morrer, tempo de plantar e tempo de arrancar o que se plantou, tempo de matar e tempo de curar, tempo de derrubar e tempo de construir, tempo de chorar e tempo de rir, tempo de prantear e tempo de dançar, tempo de espalhar pedras e tempo de ajuntá-las, tempo de abraçar e tempo de se conter, tempo de procurar e tempo de desistir, tempo de guardar e tempo de lançar fora, tempo de rasgar e tempo de costurar, tempo de calar e tempo de falar, tempo de amar e tempo de odiar, tempo de lutar e tempo de viver em paz. O que ganha o trabalhador com todo o seu esforço? Tenho visto o fardo que Deus impôs aos homens. Ele fez tudo apropriado ao seu tempo. Também pôs no coração do homem o anseio pela eternidade; mesmo assim este não consegue compreender inteiramente o que Deus fez. Descobri que não há nada melhor para o homem do que ser feliz e praticar o bem enquanto vive. Descobri também que poder comer, beber e ser recompensado pelo seu trabalho, é um presente de Deus.
Eclesiastes 3:1-13

Caminhando Jesus e os seus discípulos, chegaram a um povoado, onde certa mulher chamada Marta o recebeu em sua casa. Maria, sua irmã, ficou sentada aos pés do Senhor, ouvindo-lhe a palavra. Marta, porém, estava ocupada com muito serviço. E, aproximando-se dele, perguntou: "Senhor, não te importas que minha irmã tenha me deixado sozinha com o serviço? Dize-lhe que me ajude!". Respondeu o Senhor: "Marta! Marta! Você está preocupada e inquieta com muitas coisas; todavia apenas uma é necessária. Maria escolheu a boa parte, e esta não lhe será tirada".
Lucas 10:38-42

> O coração ansioso deprime o homem, mas uma palavra bondosa o anima.
>
> **Provérbios 12:25**

Outros textos interessantes:
Salmo 26 (25)
Salmo 34 (33)
Salmo 46 (45)
Salmo 124 (123)
Salmo 139 (138)

6. AUSENTE DO LAR OU VIAJANDO

Como palestrante, já estive em todos os estados brasileiros e, algumas vezes, no exterior, falando para quase dois milhões de pessoas. Toda palestra é diferente; as pessoas, os locais, tudo muda, apenas uma coisa se mantém: a dor de ter de me ausentar do lar, de deixar para trás – mesmo que momentaneamente – minha família. Se você tem filhos pequenos e tem de se ausentar de seu convívio para trabalhar, sabe como é essa aflição, a qual gera também culpa[3] por nos sentirmos ausentes.

A cada vez que chegar o momento da viagem, do trabalho, do estudo, esteja preparado para lidar com ele de forma positiva, afinal viagens devem ser oportunidades de crescimento e experiência. Eu sempre penso nos motivos da viagem: estou ajudando no sustento da minha casa e auxiliando pessoas a crescerem pessoal e profissionalmente. Então, como existem boas razões para a distância, fico mais feliz.

---
3 Se você se sente culpado, veja mais sobre o assunto nas páginas 46 a 50.

Outras cautelas são recomendáveis: manter comportamento íntegro durante a viagem, ligar ou mandar mensagens dizendo como estão as coisas, voltar o mais rápido possível e, sempre que for viável, levar alguma lembrança para os familiares que ficam a nossa espera.

> Eu os estou enviando como ovelhas entre lobos. Portanto, sejam prudentes como as serpentes e simples como as pombas. Tenham cuidado, pois os homens os entregarão aos tribunais e os açoitarão nas sinagogas deles. Por minha causa vocês serão levados à presença de governadores e reis como testemunhas a eles e aos gentios. Mas quando os prenderem, não se preocupem quanto ao que dizer, ou como dizer. Naquela hora lhes será dado o que dizer, pois não serão vocês que estarão falando, mas o Espírito do Pai de vocês falará por intermédio de vocês.
> **Mateus 10:16-20**

> Vocês sairão em júbilo e serão conduzidos em paz; os montes e colinas irromperão em canto diante de vocês, e todas as árvores do campo baterão palmas.
> **Isaías 55:12**

Outros textos interessantes:
Salmo 91 (90)
Salmo 121 (120)
Salmo 127 (126)

7. CANSADO

Gostaríamos de saber se você está cansado porque trabalhou muito ou porque não está recarregando suas baterias. Se está cansado porque a jornada tem sido difícil ou porque está desanimado, pode ser que o seu cansaço seja "justo", normal, efeito de desesperança ou uma ponta de depressão aparecendo. A maior parte das pessoas cansadas que encontro está tão preocupada com o dia de amanhã e as dívidas, os problemas etc. que não consegue parar para descansar.

A humanidade tem experimentado, nos últimos vinte anos, a aceleração de todos os processos. Antes da difusão da internet, o conhecimento disponível levava dez anos para dobrar de volume; a estimativa é de que, em 2020, essa marca tenha sido reduzida para apenas setenta e três dias.[4] As pessoas tentam acompanhar esse ritmo e ninguém consegue lidar com isso.

Perante esse cenário, alguém pode argumentar que a vida hoje é mais difícil, mas pense, por exemplo, que não faz muito tempo que enviar um documento de um escritório para outro envolvia toda uma cadeia, que passava por uma impressora, um envelope, chamar um *office-boy* (versão menos poluente, menos causadora de trânsito e mais saudável dos motoboys), enviá-lo até o destino e enfim efetuar a entrega, geralmente solicitando um protocolo. Hoje, em questão de segundos, o documento sai do seu computador e quase instantaneamente chega ao destino. De fato, a modernidade resolveu boa parte dos problemas logísticos, mas não é só de questões de ordem econômica que se cons-

---

4 JULIO, Carlos. Conhecimento deve dobrar no mundo a cada 73 dias em 2020. *CBN*, 7 out. 2013. Disponível em: <https://cbn.globoradio.globo.com/comentaristas/carlos-julio/2013/10/07/CONHECIMENTO-DEVE-DOBRAR-NO-MUNDO-A-CADA-73-DIAS-EM-2020.htm>. Acesso em: 24 jul. 2021.

trói o mundo. Em meio a tanta informação e agilidade, temos problemas mais pessoais, de ordem espiritual e existencial, que nos perturbam tanto ou mais que a procura de uma colocação no mercado ou o envio de um documento por e-mail. Tanto conhecimento e ainda buscamos respostas para perguntas básicas como "a qual propósito serve minha vida?".

Certa vez, cansado, fui à procura de um médico que me ajudasse a melhorar meu desempenho e energia. Após me fazer descrever como era uma semana normal em minha vida, seu diagnóstico foi de que era para eu estar mesmo cansado e que a solução para meu problema era eu fazer menos coisas. Não havia um comprimido mágico que me tornasse um super-herói. Era necessário pegar mais leve, ir mais devagar. Será que esse também é o seu caso?

Sabemos que há situações em que precisamos fazer um esforço extra, mas, em geral, temos a ilusão de que podemos viver toda nossa vida desse jeito. Há uma hora em que temos que reconhecer que não somos super-homem ou mulher-maravilha. Será que é o seu caso? Aceitar sua humanidade e aprender a administrar melhor o tempo, as expectativas e o cotidiano?

Em outro momento, esse mesmo médico me disse que eu seria mais feliz tendo alguma carga de estresse em minha vida – uma das particularidades de quem tem transtorno de déficit de atenção e hiperatividade (TDAH). Ele completou que, contudo, o que eu tenho de evitar é o distresse. E explicou: o estresse é uma forma de pôr energia, e, em uma pessoa bem alimentada, com o corpo equilibrado – não sedentária –, com a mente em paz, ele pode até ser divertido e estimulante. O distresse, por sua vez, é o estresse produzido pela tristeza, depressão, infelicidade, angústia, obesidade e sedentarismo, e esse é perigoso.

Um exemplo que ilustra bem essa diferença é o do elástico. Se ele fica solto, não está cumprindo sua missão, mas, se o esticarmos demais, iremos arrebentá-lo. Por isso, nessa conversa sobre cansaço, indago se você não está querendo esticar demais o elástico. Isso não funciona. Dito isso, espero que você se canse, sim, mas de um jeito bom. Uma das melhores lições da minha vida aprendi com a frase: "Não se esforce para ter prazer, sinta prazer no esforço". Que libertador! Aprendi que estar cansado depois de uma boa corrida, de reler um livro, de fazer uma palestra é algo bom, pois vem com a sensação do dever (ou do prazer) cumprido.

Então, o primeiro passo é parar. Tire um tempo para descansar, já que você não é de ferro (ou você é o Tony Stark!?), e comece a rever suas práticas. Rubens Teixeira e eu falamos um pouco sobre isso no livro *As 25 leis bíblicas do sucesso* ao citarmos que, em Levítico 25:20, encontra-se a regra do descanso da terra: seis anos de produção e um ano de descanso. Até para fins de produtividade agrícola se aplica a ideia da recarga, recuperação ou reabastecimento, o *shabat*. *Shabat* é um termo em hebraico que se refere ao sétimo dia da semana, dedicado – no judaísmo – ao descanso (Êxodo 20:8-11; 23:12). Ele nos desafia a quebrarmos a rotina e constitui um momento de recuperação física e emocional em que a pessoa aproveita a vida, a família e se dedica a atividades diferentes das que exerce durante a semana de trabalho. Sem quebra na rotina, cedo ou tarde, você chegará à estafa ou, pelo menos, experimentará uma crescente diminuição em seu rendimento e sua motivação. A ideia é simples: você trabalha seis dias e descansa um. Existem pessoas que, além de trabalharem durante seis dias, ainda trabalham no sétimo porque querem melhorar de vida. E não há problema algum nisso. O problema se dá quando isso deixa de ser exceção e vira regra. A proposta da Bíblia é que você trabalhe muito, mas sem desespero, que descanse, mas sem indolência ou irresponsabilidade. Que tenha uma vida equilibrada e serena. Pelas leis da natureza (leis da física, biologia), quando a pessoa tem um bom sono, ela se recupera, e isso ajuda a alcançar seus objetivos ao acordar.

Não tente ser mais produtivo eliminando as pausas de sua rotina. Não dormir com qualidade e o tempo mínimo necessário é receita para comprometer seu desempenho. Isso é o que chamamos de Lei da Recarga.[5] Ela começa no *shabat*, que, além de semanal, pode ser dividido em blocos. Conheça-os a seguir.

Uma vez por dia, pare e se acalme. Nem que seja por alguns minutos, respire fundo, ouça uma música, olhe a paisagem pela janela. Pense na sua vida, seja grato por tudo o que já viveu e aprendeu, pelo que tem. Lembre-se das coisas boas que lhe acontecem ou de algum momento especial.

Duas a três vezes por semana, faça alguma atividade física, pois, com ela, se libera endorfina, que é um estimulante e antidepressivo natural. Também evita obesidade, ataques cardíacos e derrames.

Uma vez por mês, tenha um dia diferente. O importante é sair da rotina. Vá a algum lugar que nunca foi, visite uma atração turística perto de você, invente alguma coisa.

Uma vez por ano, nas suas férias, no Carnaval ou na Semana Santa, viaje ou, pelo menos, invente alguma programação interessante. Experimente também reservar alguns dias para ficar em casa. Às vezes, não ter de fazer nada é o melhor programa.

> Venham a mim, todos os que estão cansados e sobrecarregados, e eu lhes darei descanso. Tomem sobre vocês o meu jugo e aprendam de mim, pois sou manso e humilde de coração, e vocês en-

---

[5] Saiba mais sobre a Lei da Recarga no livro *As 25 leis bíblicas do sucesso*.

contrarão descanso para as suas almas. Pois o meu jugo é suave e o meu fardo é leve.
Mateus 11:28-30

Será que você não sabe? Nunca ouviu falar? O Senhor é o Deus eterno, o Criador de toda a terra. Ele não se cansa nem fica exausto, sua sabedoria é insondável. Ele fortalece o cansado e dá grande vigor ao que está sem forças. Até os jovens se cansam e ficam exaustos, e os moços tropeçam e caem; mas aqueles que esperam no Senhor renovam as suas forças. Voam bem alto como águias; correm e não ficam exaustos, andam e não se cansam.
Isaías 40:28-31

Aqueles que semeiam com lágrimas, com cantos de alegria colherão. Aquele que sai chorando enquanto lança a semente, voltará com cantos de alegria, trazendo os seus feixes.
Salmos 126:5-6 (125:5-6)

Portanto, meus amados irmãos, mantenham-se firmes, e que nada os abale.
1Coríntios 15:58a

E não nos cansemos de fazer o bem, pois no tempo próprio colheremos, se não desanimarmos. Portanto, enquanto temos oportunidade, façamos o bem a todos, especialmente aos da família da fé.
Gálatas 6:9-10

Não é certamente por nossa causa que ele o diz? Sim, isso foi escrito em nosso favor. Porque "o lavrador quando ara e o debulhador quando debulha, devem fazê-lo na esperança de participar da colheita".
1Coríntios 9:10

Outros textos interessantes:
Salmo 23 (22)
Salmo 26 (25)

8. COM PROBLEMAS NA JUSTIÇA

O primeiro passo é saber se você, que tem problemas na Justiça, já tem um advogado ou defensor público que esteja acompanhando o seu caso e com quem você fale periodicamente. Nenhum problema deixado ao relento é positivo. Não ignore ou despreze os riscos de um processo. Esse é um assunto para se levar a sério. Dito isso, muitas pessoas interrompem suas vidas e ficam com tudo parado, emocional e, às vezes, até física e profissionalmente, esperando uma decisão do juiz. Isso é um grande equívoco. Você precisa tocar sua vida.

Às vezes, temos um problema na Justiça por culpa nossa, às vezes somos atropelados por alguma injustiça. Qualquer que seja o caso, é preciso saber que ter uma questão na Justiça é algo natural nos dias de hoje. Devemos tentar ao máximo evitar, mas, se acontecer, faz parte. Vamos resolver isso da melhor forma possível.

Um bom caminho para resolver problemas é o que diz a Bíblia: "Por que vocês não julgam por si mesmos o que é justo? Quando algum de vocês estiver indo com seu adversário para o magistrado, faça tudo para se reconciliar com ele no caminho; para que ele não o arraste ao juiz, o juiz o entregue ao oficial de justiça, e o oficial de justiça o jogue na prisão" (Lucas 12:57,58). Isto mesmo: tente fazer um acordo. Os russos dizem que "um mau acordo é melhor que uma boa briga".

Um processo que se encerra permite que você foque naquilo que pode produzir novidade, prosperidade e melhoria de vida. Às vezes, para encerrar um litígio, judicial ou não, precisamos ter boa vontade. Até a própria Bíblia fala para não levarmos tudo "a ferro e a fogo": "Não seja excessivamente justo nem demasiadamente sábio; por que destruir-se a si mesmo?" (Eclesiastes 7:16).

Outro cuidado é: se você sabe que está errado, ou que não tem razão, não processe a outra pessoa – desista ou faça um acordo. Saiba que, sempre que você espoliar ou explorar o próximo, estará semeando coisas ruins para a sua vida. Todo o bem e todo o mal que fazemos voltam multiplicados para nós mesmos. Se alguém for injusto com você, saiba que, mesmo que o Poder Judiciário seja enganado, Deus não o será. Como é dito em Gálatas 6:7: "Não se deixem enganar: de Deus não se zomba. Pois o que o homem semear, isso também colherá".

Deus quer que sejamos honestos, Ele fala para nossas balanças, medidas e potes serem honestos (Ezequiel 45:10). Então, no que depender de você, viva em paz com todos os homens e seja honesto (Romanos 12:18). E, se estão sendo desonestos com você, aprendemos com a Bíblia que Deus é justo; mais do que isso, Ele é justo juiz (2Timóteo 4:8), é Aquele que faz a justiça prevalecer, porque a execução da Sua justiça não é corrompida nem parcial. Nem sempre o resultado de uma demanda é o mais justo, mas aquele que age com retidão e justiça será ricamente abençoado por Deus, em Sua justiça perfeita. E aquele que erra será punido, e de forma dura. Deus diz claramente que não vai passar a mão na cabeça de litigantes desonestos, menos ainda de juízes corruptos ou desleixados.

O Antigo Testamento também traz a conotação de igualdade social quando fala de justiça. Vemos esse aspecto em Provérbios (31:4-5,8-9), que diz que os reis (o que vale para qualquer figura de autoridade) não devem esquecer o que a lei determina nem fazer injustiça aos oprimidos. O texto diz: "Erga a voz em favor dos que não podem defender-se, seja o defensor de todos os desamparados. Erga a voz e julgue com justiça; defenda os direitos dos pobres e dos necessitados". Mesmo que vivamos em um mundo repleto de injustiças (sociais, políticas, raciais etc.), Deus nos chama para lutar pelo que é justo, reto e bom (Salmos 11:7)(10:7).

Por fim, alerto que às vezes devemos ir atrás de nossos direitos e lutar por eles até o final (Lucas 18:1-5), mas, em outros momentos, podemos simplesmente assumir o prejuízo, deixando que Deus faça a Sua justiça. "O fato de haver litígios entre vocês já significa uma completa derrota. Por que não preferem sofrer a injustiça? Por que não preferem sofrer o prejuízo? Em vez disso, vocês mesmos causam injustiças e prejuízos, e isso contra irmãos!" (1Coríntios 6:7-8).

Concluímos citando Martin Luther King Jr.: "A injustiça em qualquer lugar é uma ameaça à justiça em todo lugar".

Façam todo o possível para viver em paz com todos.
Romanos 12:18

O jejum que desejo não é este: soltar as correntes da injustiça, desatar as cordas do jugo, pôr em liberdade os oprimidos e romper todo jugo? Não é partilhar sua comida com o faminto, abrigar o pobre desamparado, vestir o nu que você encontrou, e não recusar ajuda ao próximo? Aí sim, a sua luz irromperá como a alvorada, e prontamente surgirá a sua cura; a sua retidão irá adiante de você, e a glória do Senhor estará na sua retaguarda. Aí sim, você clamará ao Senhor, e ele responderá; você gritará por socorro, e ele dirá: Aqui estou.

Se você eliminar do seu meio o jugo opressor, o dedo acusador e a falsidade do falar; se com renúncia própria você beneficiar os famintos e satisfizer o anseio dos aflitos, então a sua luz despontará nas trevas, e a sua noite será como o meio-dia. O Senhor o guiará constantemente; satisfará os seus desejos numa terra ressequida pelo sol e fortalecerá os seus ossos. Você será como um jardim bem regado, como uma fonte cujas águas nunca faltam.
Isaías 58:6-11

Acaso Deus não fará justiça aos seus escolhidos, que clamam a ele dia e noite? Continuará fazendo-os esperar? Eu lhes digo: ele lhes fará justiça, e depressa. Contudo, quando o Filho do homem vier, encontrará fé na terra?
Lucas 18:7-8

[...] corra a retidão como um rio, a justiça como um ribeiro perene!
Amós 5:24

Outros textos interessantes:
Salmo 18 (17)
Salmo 38 (37)
Salmo 125 (124)

9. CULPADO

O ensino cristão é claro sobre a relação entre Deus e o ser humano. Em cada livro da Bíblia, lemos sobre Deus "buscando" aproximar-se da Sua criação. No entanto, algo pode impedir que essa comunicação se realize plenamente: o pecado. Fraquezas, pouca instrução, deficiências de qualquer ordem, baixa autoestima, nada disso tem o efeito do pecado para romper nossa relação com o Senhor.

Uma vez consumado, o pecado é como água que rompe uma barreira: devasta o que está no caminho. Entre os efeitos nefastos do pecado, podemos destacar a culpa.

A contrição é definida como o sentimento pungente de arrependimento por pecados e ofensas a Deus. O arrependimento foi a maior ferramenta fornecida pelo Criador para os homens, pois é por meio dessa benesse que eles poderão partilhar de Seu Reino.

A contrição, no entanto, não é o arrependimento que visa à salvação, mas aquele que o fiel sente por ter falhado em seguir os desígnios de Deus. Trata-se da demonstração pura do profundo respeito e da obediência e do reconhecimento da fragilidade da condição humana perante a Criação.

É muito difícil passar pela vida sem transgredir um ou mais mandamentos estabelecidos por Deus. Trata-se de um verdadeiro conjunto de desafios para a humanidade. Tão limitador quanto libertador. Por isso mesmo Deus envia Seu único Filho para redimir-nos de nossos pecados: "Mas, quando chegou a plenitude do tempo, Deus enviou seu Filho, nascido de mulher, nascido debaixo da lei, a fim de redimir os que estavam sob a lei, para que recebêssemos a adoção de filhos" (Gálatas 4:4-5). Mais uma vez estamos diante de um pai amoroso que, diante da fragilidade e limitação de Seus filhos, encontra formas de conduzi-Los a um novo patamar.

Fabrini Viguier, autor do livro *Ser homem: um guia prático para a masculinidade cristã* (Ed. TNB), costuma dizer que errar é algo natural, mas tem de haver algum tipo de dor quando isso acontece, ou seja, a pessoa não pode se acostumar com o erro nem se acomodar nele. Como o autor diz, o erro não pode vir com hora marcada, o que ocorre quando o pecado vira rotina. Então, a contrição não deixa de ser algo positivo, pois mostra um coração que não está satisfeito com o erro.

É comum encontrar pessoas que carregam consigo o pesado fardo da culpa. Sentem-se culpadas por atitudes do passado, por não terem obtido êxito em uma ou mais áreas. E, mais uma vez, é necessário utilizar a estratégia de bater o carimbo do "Caso Encerrado". Uma vez que você se arrepende e pede perdão, que restabelece seu relacionamento com Deus, a consternação da culpa deve ser abandonada. Abrir mão da culpa não significa esquecer o erro, mas, sim, parar de sofrer pelo passado. O sofrimento será inútil. O que tem utilidade é corrigir os erros e não os repetir.

O Evangelho de João narra a história de uma mulher pecadora que, após ter seu caminho cruzado pelo Messias, encontrou dificuldade em associar a ideia da presença dEle à dádiva do perdão. Experiências como a dessa mulher nos mostram que o remédio para curar nossa culpa está ao alcance de todos, no texto sagrado. Não temos de carregar a culpa que foi perdoada por Deus. O que precisamos é admitir que o perdão foi dado e que devemos seguir em frente.

Espero que sua contrição não vire desânimo ou depressão, mas que se converta em um esforço para amadurecer e não errar mais. O conselho de Jesus é simples: "Agora vá e abandone sua vida de pecado" (João 8:11). No mesmo sentido fala o apóstolo Paulo: "O que furtava não furte mais; antes trabalhe, fazendo algo de útil com as mãos, para que tenha o que repartir com quem estiver em necessidade" (Efésios 4:28). Repare que existe uma mudança de comportamento, mas também de mentalidade. Quem furta é egoísta, quer tomar posse daquilo que é dos outros, mas a mudança de atitude faz dele alguém generoso, que não fica apegado ao que é seu. Nesse sentido, espero que sua contrição vire atitude e mudança de mentalidade.

O Senhor é compassivo e misericordioso, mui paciente e cheio de amor. Não acusa sem cessar nem fica ressentido para sempre; não nos trata conforme os nossos pecados nem nos retribui conforme as nossas iniquidades. Pois como os céus se elevam acima da terra, assim é grande o seu amor para com os que o temem; e como o Oriente está longe do Ocidente, assim ele afasta para longe de nós as nossas transgressões. Como um pai tem compaixão de seus filhos, assim o Senhor tem compaixão dos que o temem; pois ele sabe do que somos formados; lembra-se de que somos pó.
Salmos 103:8-14 (102:8-14)

Certamente ele tomou sobre si as nossas enfermidades e sobre si levou as nossas doenças, contudo nós o consideramos castigado por Deus, por ele atingido e afligido. Mas ele foi transpassado por causa das nossas transgressões, foi esmagado por causa de nossas iniquidades; o castigo que nos trouxe paz estava sobre ele, e pelas suas feridas fomos curados. Todos nós, tal qual ovelhas, nos desviamos, cada um de nós se voltou para o seu próprio caminho; e o Senhor fez cair sobre ele a iniquidade de todos nós.
Isaías 53:4-6

Qual pai, entre vocês, se o filho lhe pedir um peixe, em lugar disso lhe dará uma cobra? Ou se pedir um ovo, lhe dará um escorpião? Se vocês, apesar de serem maus, sabem dar boas coisas aos seus filhos, quanto mais o Pai que está no céu dará o Espírito Santo a quem o pedir!
Lucas 11:11-13

Porque Deus tanto amou o mundo que deu o seu Filho Unigênito, para que todo o que nele crer não pereça, mas tenha a vida eterna. Pois Deus enviou o seu Filho ao mundo, não para condenar o mundo, mas para que este fosse salvo por meio dele.
João 3:16-17

Se confessarmos os nossos pecados, ele é fiel e justo para perdoar os nossos pecados e nos purificar de toda injustiça.
1João 1:9

Pois o que primeiramente lhes transmiti foi o que recebi: que Cristo morreu pelos nossos pecados, segundo as Escrituras, foi sepultado e ressuscitou ao terceiro dia, segundo as Escrituras.
1Coríntios 15:3-4

Contudo, aos que o receberam, aos que creram em seu nome, deu-lhes o direito de se tornarem filhos de Deus.
João 1:12

Outros textos interessantes:
Salmo 4
Salmo 32 (31)
Salmo 38 (37)
Salmo 51 (50)
Caso encerrado (disponível no QR Code abaixo)

10. DEPRIMIDO

Acredito que, se alguém se dispõe a falar sobre algum assunto específico, deve ter passado pelas mesmas experiências e angústias de quem está tentando ajudar. Se vai falar de aprovação em concursos, por exemplo, deve ter sido reprovado e aprovado várias vezes. O mesmo vale para corridas, filhos e, como não poderia deixar de ser, depressão. Muitos se sentem culpados por passar por esse tipo de problema, é quase uma vergonha admiti-lo. Por outro lado, a depressão tem sido chamada de "o mal do século", de tão comum que tem se tornado. Não tenha receio nem vergonha de passar por uma enfermidade, e a depressão é isto: uma doença. Há fenômenos relacionados, como afasia, síndrome do pânico, síndrome de burnout etc.

Qualquer que seja o caso, saiba que é um momento difícil, mas que pode ser superado. Diante da depressão, o mundo não faz sentido: nós, nossa vida, nada, nem mesmo as coisas boas. Um sono infinito, uma vontade de que tudo acabe, mesmo que sejamos nós mesmos a dar um fim a tudo. Dores pelo corpo, uma afasia inexplicável e a incessante sensação de que nada vale a pena. E, claro, a culpa lancinante. Culpa[6] por estar triste, culpa por não conseguir controlar a falta de desejo pela vida, culpa por sentir culpa... Deus te ama, tem paciência e cura toda e qualquer enfermidade. Vários heróis da Bíblia passaram por momentos de baixa. Jonas, por exemplo, pediu para morrer, e Deus foi paciente com ele.

Se você está passando por isso, sei como é. Já estive nessa situação mais de uma vez. Depressão tem cura. Dependendo do grau, você precisará de ajuda médica e, eventualmente, de medicação.

---

6 Sobre culpa, consulte Culpado nas páginas 46 a 50.

E, da mesma forma que tomamos remédio para uma infecção ou dor de dente, temos que ter coragem de – devidamente recomendados por um profissional qualificado – tomar os remédios para combater essa enfermidade. Eu, particularmente, penso que existem vários ótimos "remédios" que, sem prejuízo dos medicamentos tradicionais, podem ajudar muito. No meu caso, a atividade física (corrida) ajudou, assim como me ocupar de cuidar das necessidades de outras pessoas. Isso me fez muito bem. Mas não quero ter a ousadia nem a leviandade de tentar solucionar seu caso específico. Permita-me, porém, elogiar sua procura por alguma saída. Este é um excelente começo, e hoje, acredite, é um ótimo dia para estar vivo. Espero que você procure mais ajuda.

Até mesmo Elias, um grande profeta da Bíblia, passou por uma depressão (1Reis 19), desejando morrer. Deus o alimentou e o pôs para fazer uma longa caminhada. Ainda assim, Elias estava bem para baixo e foi se esconder em uma caverna. Ele sentia medo e queria desistir de tudo, e chegou a achar que estava sozinho. O interessante é que, durante a depressão, Elias pensou que Deus iria falar apenas através de fenômenos poderosos, como um vento forte, um terremoto ou fogo. O Senhor, porém, falou através de uma brisa suave. Talvez você esteja precisando disto: de um pouco de brisa, de um vento suave. Deus ouviu as reclamações de Elias e já começou dizendo que outras sete mil pessoas estavam passando pelas mesmas perseguições que ele. Deus assegurou que ele não estava sozinho e lhe disse que fosse cumprir sua missão. No processo de cura, alimentou Elias, colocou-o para caminhar, falou com suavidade, escutou, mostrou como era a vida de outras pessoas e chamou-o para fazer algo maior do que ele.

Não fique numa caverna, sem se alimentar ou agir. Saiba que parte do processo de cura ocorre por meio das relações, da coletividade, de nos dedicarmos a fazer algo maior do que nós mesmos. Dependendo do grau de enfermidade, a pessoa poderá achar tudo isso impossível, mas, para Deus, nada é impossível. E, querendo Ele, quem impedirá? Não sei se você está passando pelo problema, se já passou ou vai passar. Desejo, no entanto, que tenha coragem de, chegada a hora, não exigir de si mesmo a perfeição. Aceite-se humano e peça ajuda. Jogue fora sua máscara ou uniforme de super-herói e comece um processo de recuperação e renovação. Como fica claro na Bíblia, tenha fé, tenha esperança.

Gary Collins, um bem-sucedido psicólogo cristão, falando sobre a intervenção nas crises, ensina a necessidade de *dar esperanças*. As orientações do dr. Collins são equivalentes ao que Jesus fez. Ele diz que, diante dos quadros de crise, como a depressão, é preciso: destruir o derrotismo, se apegar à esperança concreta do apoio divino e reagir. A depressão é como uma tempestade, que nos coloca medo; mas Jesus acalma a tormenta.

> Eu clamo pelo Senhor na minha angústia, e ele me responde.
> **Salmos 120:1 (119:1)**

> Elias teve medo e fugiu para salvar a vida. Em Berseba de Judá ele deixou o seu servo e entrou no deserto, caminhando um dia. Chegou a um pé de giesta, sentou-se debaixo dele e orou, pedindo a morte. "Já tive o bastante, Senhor. Tira a minha vida; não sou melhor do que os meus antepassados." Depois se deitou debaixo da árvore e dormiu. De repente, um anjo tocou nele e disse: "Levante-se e coma". [...] Então ele se levantou, comeu e bebeu. Fortalecido com aquela comida, viajou quarenta dias e quarenta noites, até que chegou a Horebe, o monte de Deus. Ali entrou numa caverna e passou a noite. E a palavra do Senhor veio a ele: "O que você está fazendo aqui, Elias?". Ele respondeu: "Tenho sido muito zeloso pelo Senhor, Deus

dos Exércitos. Os israelitas rejeitaram a tua aliança, quebraram os teus altares e mataram os teus profetas à espada. Sou o único que sobrou, e agora também estão procurando matar-me". O Senhor lhe disse: "Saia e fique no monte, na presença do Senhor, pois o Senhor vai passar". Então veio um vento fortíssimo que separou os montes e esmigalhou as rochas diante do Senhor, mas o Senhor não estava no vento. Depois do vento houve um terremoto, mas o Senhor não estava no terremoto. Depois do terremoto houve um fogo, mas o Senhor não estava nele. E depois do fogo houve o murmúrio de uma brisa suave. Quando Elias ouviu, puxou a capa para cobrir o rosto, saiu e ficou à entrada da caverna. E uma voz lhe perguntou: "O que você está fazendo aqui, Elias?". Ele respondeu: "Tenho sido muito zeloso pelo Senhor, Deus dos Exércitos. Os israelitas rejeitaram a tua aliança, quebraram os teus altares e mataram os teus profetas à espada. Sou o único que sobrou, e agora também estão procurando matar-me". O Senhor lhe disse: "Volte pelo caminho por onde veio [...]. Unja também Jeú, filho de Ninsi, como rei de Israel, e unja Eliseu, [...] para suceder a você como profeta [...]. No entanto, fiz sobrar sete mil em Israel, todos aqueles cujos joelhos não se inclinaram diante de Baal e todos aqueles cujas bocas não o beijaram".
1Reis 19:3-5,8-16,18

Agora, Senhor, tira a minha vida, eu imploro, porque para mim é melhor morrer do que viver. O Senhor lhe respondeu: "Você tem alguma razão para essa fúria?". Jonas saiu e sentou-se num lugar a leste da cidade. Ali, construiu para si um abrigo, sentou-se à sua sombra e esperou para ver o que aconteceria com a cidade. Então o Senhor Deus fez crescer uma planta sobre Jonas, para dar sombra à sua cabeça e livrá-lo do calor, e Jonas ficou muito alegre. Mas na madrugada do dia seguinte, Deus mandou uma lagarta atacar a planta, de modo que ela secou. Ao nascer do sol, Deus trouxe um

vento oriental muito quente, e o sol bateu na cabeça de Jonas, a ponto de ele quase desmaiar. Com isso ele desejou morrer, e disse: "Para mim seria melhor morrer do que viver". Mas Deus disse a Jonas: "Você tem alguma razão para estar tão furioso por causa da planta?". Respondeu ele: "Sim, tenho! E estou furioso a ponto de querer morrer". Mas o Senhor lhe disse: "Você tem pena dessa planta, embora não a tenha podado nem a tenha feito crescer. Ela nasceu numa noite e numa noite morreu. Contudo, Nínive tem mais de cento e vinte mil pessoas que não sabem nem distinguir a mão direita da esquerda, além de muitos rebanhos. Não deveria eu ter pena dessa grande cidade?".
Jonas 4:3-11

Certo dia Jesus disse aos seus discípulos: "Vamos para o outro lado do lago". Eles entraram num barco e partiram. Enquanto navegavam, ele adormeceu. Abateu-se sobre o lago um forte vendaval, de modo que o barco estava sendo inundado, e eles corriam grande perigo. Os discípulos foram acordá-lo, clamando: "Mestre, Mestre, vamos morrer!". Ele se levantou e repreendeu o vento e a violência das águas; tudo se acalmou e ficou tranquilo. "Onde está a sua fé?", perguntou ele aos seus discípulos. Amedrontados e admirados, eles perguntaram uns aos outros: "Quem é este que até aos ventos e às águas dá ordens, e eles lhe obedecem?".
Lucas 8:22-25

Outros textos interessantes:
Salmo 26 (25)
Salmo 42 (41)
Salmo 91 (90)

11. DESANIMADO OU DESMOTIVADO

O ser humano age basicamente por duas motivações primárias: obtenção de prazer ou fuga da dor. Quando alguém deixa de saborear uma apetitosa sobremesa, pode estar querendo evitar a dor de engordar; quando a saboreia, está buscando o prazer do paladar. Há pessoas que tomam atitudes para evitar a dor (fracasso, desemprego, fome) e pessoas que mudam atitudes para obter prazer (aprender, empreender, galgar estabilidade).

O desânimo decorre da falta de motivação para realizar uma atividade. Alguém desmotivado é mais infeliz e menos produtivo. Você precisa sentir-se motivado, e darei, a seguir, alguns conselhos de como conseguir isso e o que fazer para manter-se assim.

Como a motivação é pessoal e intransferível, só você pode dizer o que lhe dá ânimo, mas uma boa motivação é poder *cuidar de si mesmo*, ser feliz. *Deus* é fonte de ânimo e consolo, de força para viver, assim como sua *família*. Fartura de bens materiais, por outro lado, não constitui uma boa motivação – bens materiais não são perenes.

Trata-se de um projeto de longo prazo e, por isso, haverá momentos de grande ânimo, momentos tranquilos e momentos de desânimo. Sabendo disso de antemão, prepare-se para os dias de baixa. Mas, independentemente da fase da onda, todos os dias você pode e deve lembrar os motivos que o estão fazendo ter planos, persistir. Crie técnicas para se animar e se cerque de pessoas motivadas.

> E você, meu filho Salomão, reconheça o Deus de seu pai, e sirva-o de todo o coração e espontaneamente, pois o Senhor sonda todos os

corações e conhece a motivação dos pensamentos. Se você o buscar, o encontrará, mas, se você o abandonar, ele o rejeitará para sempre.
1Crônicas 28:9

Outros textos interessantes:
Salmo 23 (22)
Salmo 24 (23)
Salmo 42 (41)
Dicas para obter motivação (disponível no QR Code abaixo)

12. NECESSITANDO DE CORAGEM

A águia e a galinha são aves, têm asas, mas nós sabemos o quanto estão distantes uma da outra em termos de imagem. O que faz a diferença ser tão grande é a forma como elas se comportam. Eu não me preocupo se uma pessoa é inteligente ou não, apenas se ela se comporta como alguém inteligente! A mãe do personagem Forrest Gump ensinava isso para seu filho: "Tolo é quem faz tolice". Então, eu procuro me comportar como uma pessoa inteligente, corajosa, sábia, e os resultados são espetaculares. Eu analiso as pessoas que apresentam alta performance e imito o comportamento delas. Isso tem feito de mim alguém com um desempenho maior do que eu teria sem esse esforço.

Pois bem, eu não me preocupo se você está desencorajado, mas apenas que, ao enfrentar seus desafios, aja como alguém de coragem. O resto é detalhe. E, se o assunto é coragem, a comparação entre a águia e a galinha é bem pertinente. Dois pregadores, um protestante e outro católico, já falaram sobre esse tema, "a águia e a galinha", cada qual com lições distintas e muito interessantes: Leonardo Boff (Ed. Vozes) e o pastor Jorge Linhares (Ed. Getsêmani). Vou me valer de textos do segundo.[7]

Enquanto a galinha é caça, a águia é caçadora. Elas olham para a realidade por prismas diferentes: "A galinha tem olhos laterais. A águia, não. Seus olhos são frontais". Animais que caçam (em vez de serem caçados) olham para a frente, para focar no que desejam. Se você ficar olhando para todos os lados, ou querendo tudo, ou se distraindo com tudo, estará se comportando do jeito menos produtivo. Um bom caçador não fica olhando demais para os lados, para os prazeres excessivos, para os problemas etc. Ele foca no que deseja. Enquanto as águias e galinhas nascem com os olhos "prontos", você pode escolher como será o seu olhar: para o objetivo ou para os problemas, para o que traz resultados ou para o que atrapalha os resultados pretendidos.

A galinha só enxerga de dia, já a águia enxerga tanto de dia quanto de noite. Qual a lição aqui? Às vezes, precisamos trabalhar no turno da noite, ajudando a complementar a renda doméstica, cuidar dos filhos ou estudar, nos aprimorando.

A galinha é medrosa, a águia, destemida. Por isso, neste capítulo, não posso deixar de convidá-lo a agir com coragem, como uma águia.

Outra diferença é que o ninho das galinhas é de palha e na altura do chão, enquanto o das águias tem galhos espinhosos e é feito no alto. Recordar os espinhos é um grande motivador, e

---

7 LINHARES, Jorge. *Águia ou galinha?* 27. ed. Belo Horizonte: Getsêmani, 2005, p. 38-52.

pensar grande faz muita diferença. Às vezes, é preciso ter "espinhos" ou ao menos se lembrar deles para que não nos acomodemos e para que levantemos voo. São os espinhos da vida, as necessidades, as contas que algumas vezes nos impulsionam para a vitória. Não é raro ver pessoas com tudo a seu favor não alcançarem êxito em suas empreitadas. A galinha faz seu ninho no nível do chão, sem pensar alto, coisa que uma águia nem imagina. Ela voa, pensa e aninha-se no alto, que é para onde se dirige sempre.

"Quando adoece, a galinha fica de asas caídas, jururu, dependente de socorro. Já a águia não fica aí à espera de piedade. Autocomiseração não combina com a águia." A galinha também se alimenta de milho e restos, enquanto a águia, do alto, seleciona sua presa e desce como uma flecha sobre ela. Aqui vale o cuidado com a qualidade das suas companhias, dos sites que frequenta, dos conselhos que acolhe. Não se "alimente" de coisas ruins, elas fazem mal.

Se você se negar a ter uma visão e um comportamento limitados como os de uma galinha, pode ter certeza de que terá o melhor desta terra.

A diferença não é o que acontece com a águia ou com a galinha, mas como essas duas aves reagem ao que acontece com elas, como encaram sua existência e como lidam com ninhos, espinhos, alimento, desafios etc. Por isso, elas são tão diferentes.

Este é o desafio: não importa como você foi até hoje, mas, sim, que se "remonte" como águia, que é o que você já é ou pode vir a ser. Para ter resultados de águia, basta pensar e agir como uma, pois "somos o que pensamos e fazemos". Ponha seu "ninho" entre as estrelas: você merece.

Você, que está se sentindo desencorajado, pode ter se identificado com mais características da galinha. Se você se negar a ter uma visão e um comportamento limitados como os desse animal, pode ter certeza de que terá resultados melhores.

> Seja forte e corajoso, porque você conduzirá esse povo para herdar a terra que prometi sob juramento aos seus antepassados. Somente seja forte e muito corajoso! Tenha o cuidado de obedecer a toda a lei que o meu servo Moisés lhe ordenou; não se desvie dela, nem para a direita nem para a esquerda, para que você seja bem-sucedido por onde quer que andar. Não deixe de falar as palavras deste Livro da Lei e de meditar nelas de dia e de noite, para que você cumpra fielmente tudo o que nele está escrito. Só então os seus caminhos prosperarão e você será bem-sucedido. Não fui eu que lhe ordenei? Seja forte e corajoso! Não se apavore, nem se desanime, pois o Senhor, o seu Deus, estará com você por onde você andar".
> **Josué 1:6-9**

> [...] pois o Senhor será a sua segurança e o impedirá de cair em armadilha.
> **Provérbios 3:26**

> Se você correu com homens e eles o cansaram, como poderá competir com cavalos? Se você tropeça em terreno seguro, o que fará nos matagais junto ao Jordão?
> **Jeremias 12:5**

> Que diremos, pois, diante dessas coisas? Se Deus é por nós, quem será contra nós? Aquele que não poupou a seu próprio Filho, mas o entregou por todos nós, como não nos dará juntamente com ele, e de graça, todas as coisas?
> **Romanos 8:31-32**

De todos os lados somos pressionados, mas não desanimados; ficamos perplexos, mas não desesperados; somos perseguidos, mas não abandonados; abatidos, mas não destruídos.
2Coríntios 4:8-9

Alegrem-se sempre no Senhor. Novamente direi: alegrem-se! Seja a amabilidade de vocês conhecida por todos. Perto está o Senhor. Não andem ansiosos por coisa alguma, mas em tudo, pela oração e súplicas, e com ação de graças, apresentem seus pedidos a Deus. E a paz de Deus, que excede todo o entendimento, guardará os seus corações e as suas mentes em Cristo Jesus.
Filipenses 4:4-7

Outros textos interessantes:
Salmo 6
Salmo 125 (124)
Salmo 139 (138)

13. DESEMPREGADO

O desemprego é um grande problema, mas não é o maior. O problema real ocorre quando ele deixa de ser um fenômeno laboral e passa a afetar a sua autoestima, pois é exatamente na hora do desemprego que você mais deve se valorizar.

Criei uma classificação para o desemprego, dividindo-o em: estrutural, acidental ou histórico. É *estrutural* quando o país ou a empresa passa por uma crise e a pessoa é demitida por algo que não é de sua responsabilidade direta; é *acidental* quando alguém que é bom profissional sai por motivos pessoais, como o caso de um funcionário que se recusa a participar de uma fraude ou a se submeter a assédio moral e acaba sendo dispensado; é *histórico* quando é fruto da história da pessoa. Este último é o mais preocupante. Alguém que não tem habilidades, não é muito bom em alguma coisa e não desenvolveu sua empregabilidade tenderá a ter menos oportunidades.

Então, se você está desempregado por causa de crises que não são suas ou por algum bom motivo, valorize-se. Vá à luta e comece a trabalhar com o que pode para que sua competência e habilidades atraiam convites. Esse novo espaço pode surgir no seu ofício ou em outra área: por exemplo, ao abrir sua empresa ou prestar um concurso público. Valorizar-se é perceber e reconhecer seu próprio valor, procurando explorá-lo e fazê-lo brilhar.

Se você está desempregado porque não desenvolveu habilidades, currículo ou fama como bom profissional, então é hora de se valorizar também. Aqui o "valorizar-se", embora seja a mesma expressão, tem um sentido diferente. Significa aumentar o seu valor, seja através de novos cursos, de novos experimentos ou até mesmo de funções hierarquicamente mais baixas, mas que permitam o aprendizado de coisas novas. É importante criar novos valores, novos atrativos para sua empregabilidade.

Mudar nossa vida para melhor exige esforço e algum tempo para ver os resultados desse esforço. Costumo dizer que toda terra prometida tem um deserto antes, ou seja, para chegar lá vai ser preciso algum período de peregrinação. O povo de Israel precisou sair do Egito, cruzar o Mar Vermelho e passar quarenta anos no deserto para chegar a um lugar aprazível, onde era muito melhor de se viver. E, ao chegarem, ainda tiveram de lutar pela terra. Isso revela por que tantos se acomodam ou desistem: um lugar melhor exige investimento e paciência, perseverança e determinação.

O desemprego pode ser o fruto da semeadura do país, da empresa ou da própria pessoa. Além disso, pode ser a "virada" da chave que faz você descobrir que precisa mudar, ou se requalificar, ou se reinventar. Esse processo de mudança será o "deserto", que, uma vez enfrentado, o levará a um novo lugar, a uma terra prometida.

Algumas pessoas ainda nutrem o pensamento de que o trabalho foi dado ao homem como castigo pelo pecado original. Esta é uma visão equivocada, dado que, antes mesmo da criação da mulher, o homem já trabalhava nos jardins do Éden, como explicitado em Gênesis 2:15: "O Senhor Deus colocou o homem no jardim do Éden para cuidar dele e cultivá-lo".

Na Grécia clássica, Aristóteles (350 a.C.) ensinava que a totalidade da vida no cosmo só pode ser alcançada se cada um fizer a sua parte. Isso inclui você e eu fazermos o que se espera que façamos, o que envolve nossos papéis na cadeia produtiva.

De acordo com a visão cristã, Deus dá aos homens uma vocação, consistente nas ferramentas e condições para a execução de um labor. Cabe aos homens desenvolver e burilar essa concessão divina pelo estudo, especialização, treino. Não importa se você é advogado, médico, cozinheiro, marceneiro ou zelador, apenas o dom não é garantia de colocação no mercado; é necessário se dedicar e se comprometer.

A Lei da Empregabilidade, apresentada no livro *As 25 leis bíblicas do sucesso*, sugere que, para ter sucesso no mercado de trabalho, o candidato tem de ser: trabalhador, competente, honesto, simpático, leal/confiável, determinado/persistente, paciente, humilde, imbuído de espírito de equipe e capaz de se adaptar às mudanças. Trabalhe essas qualidades e estará valorizando o seu passe. Quem não gostaria de trabalhar para ou com uma pessoa com essas características?

Deus, em Sua justiça divina, "faz raiar o seu sol sobre maus e bons e derrama chuva sobre justos e injustos" (Mateus 5:45), mas a sombra e o teto que irão protegê-lo, esses deverão ser construídos com suor e esforço.

Dentro da economia de mercado, estamos sujeitos a perder o emprego pelos motivos mais variados, muitos deles alheios à nossa vontade. Mas é necessário encarar o desemprego como ele é: uma fase, um meio, um interstício antes do sucesso. Outra metáfora é a da montanha-russa, ou a da gangorra: temos momentos de alta e de baixa. No caso da carreira, o importante é que façamos essa espiral ser, no todo, positiva. Quando menciono "no todo", é porque pode ser que passemos por momentos de "baixa", mas, retomando o rumo certo, nos recuperaremos e voltaremos a crescer. Dizem que os pássaros, antes de alçar voo, se abaixam um pouco. Às vezes, é preciso fazer isso em nossa carreira. Com humildade, baixamos a cabeça, refletimos, pensamos... e voltamos a voar.

> Mesmo não florescendo a figueira, não havendo uvas nas videiras; mesmo falhando a safra de azeitonas, não havendo produção de alimento nas lavouras, nem ovelhas no curral nem bois nos estábulos, ainda assim eu exultarei no Senhor e me alegrarei no Deus da minha salvação. O Senhor Soberano é a minha força; ele faz os meus pés como os do cervo; ele me habilita a andar em lugares altos.
> **Habacuque 3:17-19a**

> Dirigindo-se aos seus discípulos, Jesus acrescentou: "Portanto eu lhes digo: não se preocupem com suas próprias vidas, quanto ao que comer; nem com seus próprios corpos, quanto ao que vestir. A vida é mais importante do que a comida, e o corpo, mais do que as roupas. Observem os corvos: não semeiam nem colhem, não têm armazéns nem celeiros; contudo, Deus os alimenta. E vocês têm muito

mais valor do que as aves! Quem de vocês, por mais que se preocupe, pode acrescentar uma hora que seja à sua vida? Visto que vocês não podem sequer fazer uma coisa tão pequena, por que se preocupar com o restante? Observem como crescem os lírios. Eles não trabalham nem tecem. Contudo, eu lhes digo que nem Salomão, em todo o seu esplendor, vestiu-se como um deles. Se Deus veste assim a erva do campo, que hoje existe e amanhã é lançada ao fogo, quanto mais vestirá vocês, homens de pequena fé! Não busquem ansiosamente o que hão de comer ou beber; não se preocupem com isso. Pois o mundo pagão é que corre atrás dessas coisas; mas o Pai sabe que vocês precisam delas. Busquem, pois, o Reino de Deus, e essas coisas lhes serão acrescentadas".
Lucas 12:22-31

Outros textos interessantes:
Salmo 18 (17)
Salmo 23 (22)
Salmo 26 (25)

14. EM DIFICULDADES OU DESAMPARADO

Há dois tipos de dificuldade: as que o mundo cria e as que você semeia. Com bastante frequência, nossas dificuldades são como uma cortina de fumaça entre nós e o mundo. Elas turvam a nossa visão, e a sensação que resta é a de que estamos sozinhos, de que fomos abandonados. Porém, o melhor a fazer é aprender a administrá-las para nos sairmos o melhor possível dentro das circunstâncias.

O interessante das dificuldades que nós mesmos criamos é que algumas podem ser boas. Ruins serão aquelas que resultam de uma semeadura irresponsável ou de coisas negativas, as que derivam de nossa imprudência, imperícia ou negligência. Mas existem as dificuldades que criamos para nosso bem. Quem come demais ou mal está semeando dificuldades; quem resolve fazer um regime também as enfrentará. Então, dificuldade por dificuldade, precisamos achar as que vão trazer bons resultados depois de vencidas. A Bíblia fala que "Onde não há bois o celeiro fica vazio, mas da força do boi vem a grande colheita" (Provérbios 14:4). Ter bois dá trabalho, mas com eles a colheita é melhor. Enfim, ter a "dificuldade" do boi é algo positivo. Antoine de Saint-Exupéry chegou a dizer que "um homem se descobre quando se mede com um obstáculo", ou seja, essas dificuldades vão fazer você descobrir quem é, afinal. Quem foge de todas as dificuldades vai abrir mão de coisas boas. Como disse Frank Clark, "se você encontrar um caminho sem obstáculos, ele provavelmente não leva a lugar nenhum". Espero que procure surpreender a si e aos outros com garra para seguir em frente.

Escolha ter mais dificuldades, mas boas dificuldades. Lembro-me de um dia em que cheguei ao meu apartamento, que estava em obras. Tudo o que eu via era desarranjo, bagunça, trabalho, cansaço, aborrecimentos, despesas, prazos vencidos, e eu estava detestando tudo aquilo até me "cair a ficha": aquela confusão deveria me deixar feliz. Havia poeira em excesso, mas porque a casa estava em construção. Todo processo de mudança exige alguma confusão prévia, toda terra prometida tem um deserto antes. O sapato que se quer engraxar vai passar por uma fase mais suja (de graxa) antes de ficar brilhando. O processo parece piorar as coisas, mas é assim que funciona. Sentar para conversar com alguém, admitir nossos erros e pedir uma nova chance são atitudes que dão trabalho, mas isso é um começo; fazer sacrifícios e mudar comportamentos é doloroso, mas sem essa dor não evoluímos. "*No pain, no gain*" ["Sem dor, sem resultado", em tradução livre], dizem os atletas. Perder para ganhar, sofrer para ganhar, mudar para ganhar, criar e administrar as dificuldades para crescer. A conquista do que você deseja também demandará planejamento, esforço, dedicação e tempo. Por isso mesmo, avalie quais são seus planos e desejos exatamente para descobrir se vale a pena lutar por eles ou se é melhor deixar de lado. Não sei qual deserto você está enfrentando neste momento (doença, desemprego, falta de recursos), mas, se a "terra prometida" para a qual você está indo vale o esforço, então comemore as dificuldades que escolheu ter/enfrentar.

Há um ditado que diz que a sabedoria não está em quem encontra a solução, mas em quem identifica o problema. Para superar dificuldades você precisa, primeiro, de um plano. Não precisa ser um plano excelente nem unânime, mas tem de servir de base para que você comece a trilhar sua caminhada. Somente uma pessoa precisa acreditar no plano: você. Enfrentar dificuldades envolve, entre outras coisas, abrir mão de privilégios, então prepare-se para fazer concessões e ser flexível. Se possível, delegue. Eu tenho certeza de que você chegará ao seu destino, no tempo certo, após sua dose de deserto e de caminhada.

Se as suas dificuldades foram criadas por outros, procure aprender a administrá-las. Se foram criadas por seus erros, comece interrompendo o plantio. Você pode precisar de algum tempo até que as sementes antigas parem de frutificar, mas pelo menos saberá que lá na frente vai colher frutos melhores. Porém, o que mais desejo para você é que comece a ter dificuldades "boas", que são aquelas que vêm como resultado de seus movimentos para melhorar de vida. Elas são dificuldades, sim, mas trarão progresso e prosperidade emocional, física, profissional ou financeira.

Por fim, se você se sentir sem recursos, saiba que sempre pode contar com a ajuda do alto. Foi o caso de Josafá, rei de Israel, quando os amonitas, moabitas e moradores das montanhas de Seir cercaram Jerusalém e ameaçaram invadir a cidade, destruir as construções e matar a população. Vendo-se sem saída, ele reuniu todo o povo da cidade para uma oração. Começou agradecendo a Deus pelas obras que havia realizado no passado. Depois, apresentou a Deus Seu povo. Finalmente, Josafá reconheceu a sua incapacidade de armar-se a tempo e enfrentar os três povos que queriam destruí-los. E encerrou sua oração proclamando: "Ó, nosso Deus, não irás tu julgá-los? Pois não temos força para enfrentar esse exército imenso que está nos atacando. Não sabemos o que fazer, mas os nossos olhos se voltam para ti" (2Crônicas 20:12). Diante da dificuldade, aquele rei voltou seus olhos para Deus. Se você tem se sentido desamparado, penso que deva parar de olhar para o seu problema, para os lugares vazios em sua vida e, como Josafá, volte seus olhos para o Senhor.

> Portanto, eu lhes digo: não se preocupem com suas próprias vidas, quanto ao que comer ou beber; nem com seus próprios corpos, quanto ao que vestir. Não é a vida mais importante do que a comida, e o corpo mais importante do que a roupa? Observem as aves do céu: não semeiam, nem colhem, nem armazenam em celeiros; contudo, o Pai celestial as alimenta. Não têm vocês muito mais valor do que elas? Quem de vocês, por mais que se preocupe, pode acrescentar uma hora que seja à sua vida? Por que vocês se preocupam com roupas? Vejam como crescem os lírios do campo. Eles não trabalham nem tecem. Contudo, eu lhes digo que nem Salomão, em todo o seu esplendor, vestiu-se como um deles. Se Deus veste assim a erva do campo, que hoje existe e amanhã é lançada ao fogo, não vestirá muito mais a vocês, homens de pequena fé? Portanto, não se

preocupem, dizendo: "Que vamos comer?" ou "Que vamos beber?" ou "Que vamos vestir?". Pois os pagãos é que correm atrás dessas coisas; mas o Pai celestial sabe que vocês precisam delas. Busquem, pois, em primeiro lugar o Reino de Deus e a sua justiça, e todas essas coisas lhes serão acrescentadas. Portanto, não se preocupem com o amanhã, pois o amanhã se preocupará consigo mesmo. Basta a cada dia o seu próprio mal.
Mateus 6:25-34

Assim sendo, aproximemo-nos do trono da graça com toda a confiança, a fim de recebermos misericórdia e encontrarmos graça que nos ajude no momento da necessidade.
Hebreus 4:16

Confie no Senhor e faça o bem; assim você habitará na terra e desfrutará segurança. Deleite-se no Senhor, e ele atenderá aos desejos do seu coração. Entregue o seu caminho ao Senhor; confie nele, e ele agirá.
Salmos 37:3-5 (36:3-5)

Desvie-se do mal e faça o bem.
Salmos 37:27 (36:27)

Não se deixem vencer pelo mal, mas vençam o mal com o bem.
Romanos 12:21

Estou com você e cuidarei de você, aonde quer que vá; e eu o trarei de volta a esta terra. Não o deixarei enquanto não fizer o que lhe prometi.
Gênesis 28:15

Mesmo quando eu andar por um vale de trevas e morte, não temerei perigo algum, pois tu estás comigo; a tua vara e o teu cajado me protegem.
Salmos 23:4 (22:4)

[...] nunca o deixarei, nunca o abandonarei.
Josué 1:5

Outros textos interessantes:
Salmo 31 (30)
Salmo 55 (54)
Salmo 86 (85)
Salmo 121 (120)
Salmo 124 (123)
Salmo 126 (125)

15. EM DÚVIDA OU EM MOMENTO DE DECISÃO

Eu prefiro você em dúvida a vê-lo tomando decisões açodadas e sem reflexão. Até certo ponto, a dúvida faz bem. A única coisa que não pode acontecer é você ficar parado a vida inteira. Imagine um automóvel se aproximando de uma bifurcação. Há uma árvore enorme justamente entre a via da esquerda e a da direita. O ideal é que, usando informações prévias, mapas, GPS ou o que for, o motorista saiba para que lado ir. No entanto, se ele não escolher, vai chegar um momento em que qualquer caminho será melhor do que bater na árvore!

Então, se você está na dúvida, ok! Espero que busque informações para saber para que lado vai e que evite passar tempo demais parado (pois parado ninguém chega a lugar algum), mas não deixe o carro bater na árvore.

A história de nossa vida pode ser mapeada a partir das decisões que tomamos. Em um plano macro, seja uma mudança de rota, seja a opção por permanecermos onde estamos, são nossas escolhas que determinam aonde chegaremos.

Acredito que algumas decisões erradas são parte do processo de amadurecimento. Então, tenha um pouco de boa vontade com eventuais erros. Escolha o caminho que parecer melhor, mas sem tanto estresse. Se chegar à conclusão de que errou, então esse caminho serviu para lhe revelar a verdade, que pouco antes era inacessível ou nebulosa. Comemore e mude sua direção para o caminho certo, sem ter pressa de chegar, pois a direção certa é mais importante do que a velocidade.

Todas as pequenas decisões tomadas inconscientemente nos capacitam para os momentos em que decisões de maior peso para a nossa vida e a vida de nossa família deverão ser tomadas. Enquanto decisões acertadas podem dar início a uma série de processos que terão resultados satisfatórios, uma decisão errada pode gerar uma série de inconvenientes e empecilhos ao progresso. Por isso, decisões importantes não podem ser tomadas em momentos de tensão, sob pressão e sem o conhecimento prévio dos fatores que implicam os resultados. No meio futebolístico, há um ditado que diz que o pênalti é tão importante que deveria ser cobrado pelo presidente do clube: é o momento que pode decidir uma partida, às vezes todo o campeonato![8]

A dúvida é negativa quando é derrotista ou imobilizadora. Quando faz pensar, é útil. Existem dez dicas para ajudá-lo a to-

---

[8] Alguns atribuem a autoria da frase a Neném Prancha, o filósofo do futebol; outros, a Stanislaw Ponte Preta, o Barão de Itararé.

mar uma decisão: três para definir a situação, três para pensar nas soluções e três para achar alternativas. A décima é pedir que Deus o ajude em todo o processo. Para definir sua situação: reúna todos os dados disponíveis sobre o problema; identifique exatamente qual é o problema a ser solucionado; identifique as várias soluções possíveis, escolhendo a mais interessante. Reavaliar as soluções consiste em: reapreciar sob diversos ângulos as soluções possíveis, identificando suas vantagens e desvantagens, cotejando-as com a solução tida como ideal; analisar os meios para alcançar as soluções, procurando combinar as vantagens de soluções diversas; libertar-se de paradigmas, quebrar o padrão e tentar encontrar soluções inovadoras. Procurar soluções inovadoras, por sua vez, envolve: deixar as ideias fluírem, por mais absurdas que possam parecer; estabelecer um juízo crítico, mas não preconceituoso, sobre tais ideias; comparar as vantagens e desvantagens dessas soluções inovadoras com as das opções mais tradicionais e conservadoras.

Analise as vantagens e desvantagens fazendo duas colunas e simplesmente anotando o que é bom e ruim, lucrativo e não lucrativo, fácil e difícil de fazer etc. Depois desse passo, tente identificar em cada item novos aspectos positivos e negativos. Sempre procure ver cada um dos fatores sob diferentes ângulos. Cuidado ao considerar um dado elemento como positivo ou negativo, pois as circunstâncias podem mudar a natureza desse elemento, fazendo com que ele mude de lado na coluna. A técnica das colunas para vantagens e desvantagens é útil para tudo, desde trocar de carro até escolher o parceiro amoroso. Definir qual é o objetivo e quais são as regras (limitações, desvantagens inaceitáveis etc.) pode parecer óbvio, mas não é feito com frequência. Sobre o tema, ainda vale dizer que uma das primeiras decisões a serem tomadas é se as regras devem ser respeitadas ou mudadas (quebradas). Há quem diga que, se não dá para vencer com as regras existentes, devemos mudá-las. Por outro lado, as regras possuem grande valor, e sempre será mais fácil ter sucesso se aprendermos a jogar utilizando-as. Faça muitas perguntas, defina bem qual é o problema e ponha o foco nas soluções, não nas dificuldades. Nesse sentido, deixo duas lições de Einstein: "O modo de formular a questão/pergunta é mais importante do que a própria resposta" e "Algo só é impossível até que alguém duvide e acabe provando o contrário".

No campo da fé e da religião, há quem pense que a dúvida é proibida. Boa parte dessa ideia se dá porque algumas passagens bíblicas apontam a dúvida como algo incompatível com seus preceitos. Um caso clássico certamente é o de Tomé, que se negou a acreditar que Jesus havia ressuscitado depois que a notícia de que Cristo não estava na sepultura foi propagada: "Se eu não vir as marcas dos pregos em suas mãos, não colocar o meu dedo onde estavam os pregos e não puser a minha mão no seu lado, não crerei" (João 20:25). Gideão teve dúvidas sobre se o Senhor iria ou não livrar o seu povo (Juízes 6) e Abraão teve uma longa série de perguntas para Deus sobre seus critérios de julgamento (Gênesis 18).

Nem só de certezas vivem as pessoas de fé. A fé cristã não sobreviveria se não fossem as dúvidas, pois elas têm um aspecto construtivo no estabelecimento de uma fé vigorosa. Deus não tem problemas de autoestima, logo, se ofende com as nossas dúvidas. A história da Igreja está recheada de heróis que foram perturbados por dúvidas e momentos de aflição. Mesmo Jesus chegou a questionar: "Pai, por que me abandonaste?". Madre Teresa, uma mulher extraordinária que serviu à obra de Cristo, disse em suas cartas: "Por favor, reze especialmente por mim, para que não estrague a obra d'Ele e para que Nosso Senhor possa se mostrar – pois há uma escuridão tão terrível dentro de mim, como se tudo estivesse morto" (1953) e "Jesus tem um amor muito especial por você. Quanto a mim, o silêncio e o vazio são tão grandes que olho e não vejo, escuto e não ouço" (1979). Apenas os céticos têm certezas! Os que creem têm dúvidas, e nem por isso deixam de ser amados por Deus e respondidos na hora e da forma que Ele achar por bem. E, como aconteceu com Teresa, as dúvidas não impedem ninguém de fazer a boa obra e deixar sua marca de bondade e fé.

É reconfortante saber que podemos contar com a ajuda divina quando precisamos tomar decisões, quaisquer que sejam. O Senhor nos guia para que acertemos; Ele não decide em nosso lugar. Tampouco devem recair sobre Ele as consequências de escolhas erradas.

> Se procurar a sabedoria como se procura a prata e buscá-la como quem busca um tesouro escondido, então você entenderá o que é temer ao Senhor e achará o conhecimento de Deus. Pois o Senhor é quem dá sabedoria; de sua boca procedem o conhecimento e o discernimento. Ele reserva a sensatez para o justo; como um escudo protege quem anda com integridade, pois guarda a vereda do justo e protege o caminho de seus fiéis. Então você entenderá o que é justo, direito e certo, e aprenderá os caminhos do bem. Pois a sabedoria entrará em seu coração, e o conhecimento será agradável à sua alma. O bom senso o guardará, e o discernimento o protegerá.
> **Provérbios 2:4-11**

> O temor do Senhor é o princípio da sabedoria; todos os que cumprem os seus preceitos revelam bom senso. Ele será louvado para sempre!
> **Salmos 111:10 (110:10)**

Quem o trouxe para cá? O que você está fazendo neste lugar? Por que você está aqui?
Juízes 18:3

Seja forte e corajoso! Mãos ao trabalho! Não tenha medo nem se desanime, pois Deus, o Senhor, o meu Deus, está com você. Ele não o deixará nem o abandonará até que se termine toda a construção do templo do Senhor.
1Crônicas 28:20

Confie no Senhor de todo o seu coração e não se apoie em seu próprio entendimento; reconheça o Senhor em todos os seus caminhos, e ele endireitará as suas veredas. Não seja sábio aos seus próprios olhos; tema ao Senhor e evite o mal. Isso lhe dará saúde ao corpo e vigor aos ossos. [...] Como é feliz o homem que acha a sabedoria, o homem que obtém entendimento, pois a sabedoria é mais proveitosa do que a prata e rende mais do que o ouro. É mais preciosa do que rubis; nada do que você possa desejar se compara a ela. Na mão direita, a sabedoria lhe garante vida longa; na mão esquerda, riquezas e honra. Os caminhos da sabedoria são caminhos agradáveis, e todas as suas veredas são paz. A sabedoria é árvore que dá vida a quem a abraça; quem a ela se apega será abençoado.
Provérbios 3:5-8,13-18

Entrando ele no barco, seus discípulos o seguiram. De repente, uma violenta tempestade abateu-se sobre o mar, de forma que as ondas inundavam o barco. Jesus, porém, dormia. Os discípulos foram acordá-lo, clamando: "Senhor, salva-nos! Vamos morrer!". Ele perguntou: "Por que vocês estão com tanto medo, homens de pequena fé?". Então ele se levantou e repreendeu os ventos e o mar, e fez-se completa bonança.
Mateus 8:23-26

Mas hoje eu o liberto das correntes que prendem as suas mãos. [...]
Veja! Toda esta terra está diante de você; vá para onde melhor lhe parecer.
Jeremias 40:4

Outros textos interessantes:
Salmo 1
Salmo 15 (14)
Salmo 46 (45)
Salmo 112 (111)
Salmo 119 (118)
Salmo 128 (127)
Hebreus 11

16. EM PERIGO

Estamos todos em perigo. Sempre. O problema é que às vezes aumentamos a quantidade de risco através de nossos atos.

Assim como na relação com os "medos", precisamos saber quais são os perigos reais e os imaginários. Sofrer por um perigo meramente imaginário é um desperdício, assim como é uma imaturidade não se precaver de riscos reais.

Gosto, particularmente, da história de um homem que achava que havia um crocodilo embaixo de sua cama e que, após três anos de tratamento, conseguiu superar esse medo. Dois meses depois, ele foi morto... por um crocodilo... que estava embaixo de sua cama! A ironia da história nos alerta a levar a sério os perigos reais, tanto quanto aprender a parar de sofrer com os imaginários.

Em relação aos reais, temos que fazer uma segunda distinção: separar os perigos que criamos daqueles que são frutos da vida.

Se há algum perigo que seja fruto de nossa irresponsabilidade ou daquilo que nós mesmos semeamos, devemos nos conformar com ele, reconhecendo a relação de causa e efeito de nossos atos. Mais que isto, devemos fazer o que estiver ao nosso alcance para corrigir o problema e o comportamento que o origina, para não passar pelo mesmo problema de novo. Sempre usei muito esta "motivação": cada vez que estava enfrentando os efeitos dos meus vacilos, me animava pensando que aprenderia uma nova lição.

Ao sairmos acelerando o carro, teclando enquanto dirigimos, nos associando a pessoas violentas ou agressivas, estaremos semeando perigos imediatos e futuros. A parte boa é que temos uma espécie de radar interno que, em geral, nos avisa sobre esses perigos e que, se estivermos atentos, nos ajudará a evitar muitos problemas. Nossa consciência e nossa intuição, além da prática do bom senso, nos permitirão uma vida muito menos sobressaltada.

Então, se você está correndo riscos que criou, tenha maturidade para lidar com eles da melhor forma possível e aceite todo o sofrimento causado por eles como instrumento para não errar mais no futuro. Por mais que tenha errado, saiba que Deus pode socorrê-lo em meio à tribulação.

Mas e os perigos que não semeamos? Como podemos lidar com eles sem que nos estressemos e angustiemos? Assuma, desde já, que o que estiver para acontecer virá. Algo muito consolador é saber que viver é uma grande aventura e não existe aventura de verdade sem alguma dose de risco. Não teria graça perder a grande aventura que é a vida apenas porque existem perigos.

E quanto aos perigos que escolhemos? Quando você escolhe agir corretamente, ter sucesso, ser sincero, ajudar alguém, ser um bom cristão, está assumindo um risco e estará sujeito a críticas, ataques, inveja e retaliação. Quem se coloca contra a injustiça, diz um "não" para a corrupção e o erro ou para alguma injustiça certamente vai desagradar a alguém e pode sofrer alguma consequência. Algumas coisas boas trazem riscos, e um exemplo disso é a gravidez. Por mais linda que seja, ela pode trazer alguns riscos para a mãe. Um risco que deve ser monitorado, mas que sempre existirá, mesmo que residualmente. Nesses casos em particular, tenha orgulho de seus perigos e confie que Deus irá recompensá-lo.

Seja qual for o risco que estiver correndo, lembre-se de que Jesus não quis que Deus nos tirasse do mundo, esse mundo com suas alegrias e tristezas, com mudanças e perigos. Jesus, ao contrário, disse que oraria por nós e que Ele venceu o mundo. Disse que não nos deixaria sozinhos, mas que faria morada em nós e nos daria o Espírito Santo, que é o consolador.

Vamos evitar semear mais riscos tolos, criar coragem de correr os riscos que são fruto do que fazemos e deixar todos eles nas mãos de Deus. E, claro, vamos viver a grande aventura, a grande jornada.

> Mas quem anda segundo a sabedoria não corre perigo.
> **Provérbios 28:26b**

> Mesmo quando eu andar por um vale de trevas e morte, não temerei perigo algum, pois tu estás comigo.
> **Salmos 23:4 (22:4)**

> O prudente percebe o perigo e busca refúgio; o inexperiente segue adiante e sofre as consequências.
> **Provérbios 22:3**

> Quem nos separará do amor de Cristo? Será tribulação, ou angústia, ou perseguição, ou fome, ou nudez, ou perigo, ou espada? Como está escrito: "Por amor de ti enfrentamos a morte todos os dias; somos considerados como ovelhas destinadas ao matadouro". Mas,

em todas estas coisas somos mais que vencedores, por meio daquele que nos amou.
Romanos 8:35-37

Não se associe com quem vive de mau humor, nem ande em companhia de quem facilmente se ira; do contrário você acabará imitando essa conduta e cairá em armadilha mortal.
Provérbios 22:24-25

Outros textos interessantes:
Salmo 18 (17)
Salmo 24 (23)
Salmo 31 (30)

17. ENFERMO OU NA DOR

Muitos se entristecem com Deus por causa da morte, da doença, da tristeza, do imponderável, e essa revolta se esvai quando percebemos a mensagem e o ensinamento que Ele quer nos transmitir com essa situação.

Existe um ditado popular que propõe que Deus não lhe dá um fardo maior do que você é capaz de carregar, portanto, se estiver passando por uma enfermidade, convivendo com ela ou com alguém que a possua, enfrente com coragem e garra. Suporte na medida do possível e ore para que aquela tribulação seja o prenúncio de grandes conquistas.

Sabemos que Deus age em todas as coisas para o bem daqueles que o amam, dos que foram chamados de acordo com o seu propósito.
Romanos 8:28

Neste mundo vocês terão aflições; contudo, tenham ânimo! Eu venci o mundo.
João 16:33

Pois estou convencido de que nem morte nem vida, nem anjos nem demônios, nem o presente nem o futuro, nem quaisquer poderes, nem altura nem profundidade, nem qualquer outra coisa na criação será capaz de nos separar do amor de Deus que está em Cristo Jesus, nosso Senhor.
Romanos 8:38-39

Mas ele me disse: "Minha graça é suficiente para você, pois o meu poder se aperfeiçoa na fraqueza". Portanto, eu me gloriarei ainda mais alegremente em minhas fraquezas, para que o poder de Cristo repouse em mim. Por isso, por amor de Cristo, regozijo-me nas fraquezas, nos insultos, nas necessidades, nas perseguições, nas angústias. Pois, quando sou fraco é que sou forte.
2Coríntios 12:9-10

Entre vocês há alguém que está doente? Que ele mande chamar os presbíteros da igreja, para que estes orem sobre ele e o unjam com óleo, em nome do Senhor. E a oração feita com fé curará o doente; o Senhor o levantará. E se houver cometido pecados, ele será perdoado.
Tiago 5:14-15

Outros textos interessantes:
  Salmo 38 (37)
  Salmo 41 (40)
  Salmo 55 (54)

18. ENFRENTANDO VÍCIOS

Se você está lendo este livro e este capítulo, é porque deseja mudar. Isso significa que o vício que está enfrentando não conseguiu tirar seu desejo de liberdade nem impedir sua busca por mudança. Parabéns! Estou certo de que esse fio de esperança será também o fio da meada que você usará para achar o caminho de volta, o caminho para se libertar do vício que tem.

Não estou preocupado com quantas vezes você já quis se libertar e caiu. As forças espirituais do mal sempre dirão que você não vai conseguir, ou que é um fracasso; tentarão mostrar as tantas vezes que já tentou e não teve sucesso. Lembre-se, no entanto, de que as forças do mal são mentirosas e de que você é muito mais poderoso do que imagina. E, mais, você não está sozinho. Talvez encontre apoio na família, e isso será ótimo, mas, mesmo que ela falhe, haverá pessoas confiando em você, grupos de ajuda, igrejas etc. Repito: se você está lendo este texto, é porque deseja mudar, porque existe uma chama em você, e nós podemos fazer esse fogo aumentar até queimar todo o vício. É um processo longo, mas possível.

Um grupo cristão criou os Doze Passos para os Alcoólicos Anônimos, mas que também servem de base para vários grupos de apoio em todas as áreas (álcool, cigarro, drogas ilícitas, jogo, pornografia etc.). Esses passos têm se demonstrado úteis, uma vez que tem havido muito sucesso na libertação das pessoas e na sua consequente recuperação. Por isso mesmo, não custa nada repeti-los aqui:

- Admitimos que éramos impotentes perante o vício – que tínhamos perdido o domínio sobre nossa vida.
- Viemos a acreditar que um Poder superior a nós mesmos poderia devolver-nos a sanidade.

- Decidimos entregar nossa vontade e nossa vida aos cuidados de Deus, na forma em que O concebíamos.
- Fizemos minucioso e destemido inventário moral de nós mesmos.
- Admitimos, perante Deus, perante nós mesmos e perante outro ser humano, a natureza exata de nossas falhas.
- Prontificamo-nos inteiramente a deixar que Deus removesse todos esses defeitos de caráter.
- Humildemente rogamos a Ele que nos livrasse de nossas imperfeições.
- Fizemos uma relação de todas as pessoas que tínhamos prejudicado e nos dispusemos a reparar os danos a elas causados.
- Fizemos reparações diretas dos danos causados a tais pessoas, sempre que possível, salvo quando fazê-lo significasse prejudicá-las ou a outrem.
- Continuamos fazendo o inventário pessoal e, quando estávamos errados, nós o admitíamos prontamente.
- Procuramos, através da prece e da meditação, melhorar nosso contato consciente com Deus, na forma em que O concebíamos, rogando apenas o conhecimento de Sua vontade em relação a nós e forças para realizar essa vontade.
- Tendo experimentado um despertar espiritual, graças a esses passos, procuramos transmitir essa mensagem e praticar esses princípios em todas as nossas atividades.

Mas, antes mesmo de começar a seguir os passos – o que indico –, creio que deva comemorar seu desejo de libertação, cura e recuperação e procurar o apoio de pessoas e grupos que possam ajudá-lo; depois, aí sim, você deve começar a praticar os doze passos. Tenha certeza de que será uma jornada difícil, mas de sucesso, e que Deus estará com você em toda a trajetória.

Sabemos que a lei é espiritual; eu, contudo, não o sou, pois fui vendido como escravo ao pecado. Não entendo o que faço. Pois não faço o que desejo, mas o que odeio. E, se faço o que não desejo, admito que a lei é boa. Neste caso, não sou mais eu quem o faz, mas o pecado que habita em mim. Sei que nada de bom habita em mim, isto é, em minha carne. Porque tenho o desejo de fazer o que é bom, mas não consigo realizá-lo. Pois o que faço não é o bem que desejo, mas o mal que não quero fazer, esse eu continuo fazendo. Ora, se faço o que não quero, já não sou eu quem o faz, mas o pecado que habita em mim. Assim, encontro esta lei que atua em mim: Quando quero fazer o bem, o mal está junto a mim. Pois, no íntimo do meu ser tenho prazer na lei de Deus; mas vejo outra lei atuando nos membros do meu corpo, guerreando contra a lei da minha mente, tornando-me prisioneiro da lei do pecado que atua em meus membros. Miserável homem eu que sou! Quem me libertará do corpo sujeito a esta morte?
Romanos 7:14-24

Portanto, se o Filho os libertar, vocês de fato serão livres.
João 8:36

O Senhor é a minha rocha, a minha fortaleza e o meu libertador.
2Samuel 22:2

Outros textos interessantes
Salmo 6
Salmo 51 (50)
Salmo 139 (138)

19. FALTA DE FÉ OU FALTA DE CONFIANÇA

Jesus disse que, se nossa fé for do tamanho de um grão de mostarda, diremos a um monte que se lance ao mar e o monte obedecerá, e nada nos será impossível (Mateus 17:20). Em retrospecto, posso dizer que alcancei, ao longo da vida, vitórias que foram como mover montanhas, e sei que consegui, pois contei com a fé. Mesmo assim, sempre acho que minha fé é pequena. E a grande maioria das pessoas que conheço também acha que sua fé é pequena. Isso me incomodou por muito tempo. Já ouvi muitos amigos dizerem: "Eu gostaria de ter fé". Outros se angustiam por causa de suas dúvidas, sentem-se divididos em relação à existência e à atuação de Deus ou incomodados com o tratamento dado pela Bíblia a determinados assuntos.

Isso é ainda mais grave, pois a Bíblia diz que a fé é o firme fundamento de todas as coisas, "a certeza daquilo que esperamos e a prova das coisas que não vemos". E mais: também diz que "Sem fé é impossível agradar a Deus, pois quem dele se aproxima precisa crer que ele existe e que recompensa aqueles que o buscam" (Hebreus 11:1-6).

A parte de se aproximar crendo me parece fácil: se nos aproximamos de Deus, é porque alguma fé possuímos, mesmo que pequena, não? Mas será que o tamanho da nossa fé é o bastante? Será que nos falta fé?

No livro *Sociedade com Deus* (Ed. Sextante), eu e meu coautor, o amigo Rubens Teixeira, citamos que Deus aceita a obediência como fé, e damos alguns exemplos. Sempre que as pessoas agiram em confiança, obedientes, colheram bons resultados.

Um dos exemplos que exploramos no livro é o de Pedro. Após uma noite de insucessos na pescaria, ele estava lavando as redes e foi solicitado por Jesus para ajudá-lo. Após a boa vontade de Pedro e terminada a tarefa principal de Jesus, este foi participar do projeto de Pedro (eis a Sociedade da qual eu e Rubens falamos em nosso livro). Jesus disse para ele voltar ao mar e fazer nova tentativa, mesmo não sendo a melhor hora para pescar. Como no caso de Moisés, esse episódio mistura fé e ação. O pescador passara a noite sem pegar um único peixe, portanto voltar a lançar suas redes foi um ato de fé, contra o senso comum e seu conhecimento profissional. É importante observar que, para aconselhar Pedro, Jesus usou uma palavra que fez toda a diferença na ação. Ele falou: "Vá para onde as águas são mais fundas" (Lucas 5:4). Pedro disse que não acreditava que pescaria, mas também disse que obedeceria ao mestre. E por isso fez a maior pescaria de toda a sua vida.

Outro exemplo é o de Moisés e o povo de Israel. Diante do Mar Vermelho, encurralados pelo exército do faraó, alguns queriam se render e voltar ao regime de escravidão, outros pensavam em se matar, e Moisés, com confiança, orou pedindo socorro a Deus. A resposta de Deus não poderia ser mais retumbante; em um misto de repreensão e orientação, Deus diz: "Por que você está clamando a mim? Diga aos israelitas que sigam avante. Erga a sua vara e estenda a mão sobre o mar, e as águas se dividirão para que os israelitas atravessem o mar em terra seca" (Êxodo 14:15-16). Orar e ficar parado esperando a providência isolada de Deus era a solução imaginada pelo confiante Moisés, mas não a solução divina. Deus queria que eles caminhassem. Mais que isso: que o fizessem em direção ao mar. A fé, às vezes, nos manda fazer o que parece ser impossível, mas a descoberta de Moisés, ao atender e começar a caminhar, foi que nenhum mar resiste àquele que marcha em direção a ele. E o povo passou pelo meio do mar.

O aprendizado, a experiência, a formação de uma rede de contatos (*network*), tudo ocorre enquanto caminhamos com fé, não sendo necessário se fazer santo ou anjo para aplicá-la. Basta ouvir as orientações de Deus e ter disposição para caminhar em direção ao mar, ir mais fundo ou rumo a alguma coisa que se deseja. Fé é ouvir a ordem e seguir em frente. Uma das máximas da Programação Neurolinguística (PNL) diz que "é preciso crer para ver", ou seja, é preciso pôr em prática sua crença para obter respostas e resultados. Talvez isso seja o que Jesus chama de fé do tamanho de um grão de mostarda. Por menor que seja a sua fé, ela ainda é capaz de mover montanhas.

Fé × Ciência. Existe uma equivocada noção de incompatibilidade entre o culto à divindade e o conhecimento científico. Esse desacerto afasta algumas pessoas de Deus. Outro engano é supor que o tempo utilizado para o convívio com a divindade é tempo desperdiçado. Não pense que a fé tem alguma relação com a crença cega ou a ignorância. A fé é tanto mais forte quanto mais for questionada. Questione sempre suas crenças, de modo que você as confirme ou renove.

Fé × Busca. É excelente investir na própria fé. Posso assegurar que Deus fala com qualquer ser humano que se dispuser a buscá-Lo. Ele tem um jeito especial para cada um, não se trata de uma receita de bolo. A disposição para esse contato é provada quando Ele envia seu Filho, Jesus, para possibilitar o reatamento, a religação (*religare*, de onde vem o vocábulo *religião*), e o desejo de estar com sua criação é tão grande que encontramos na Bíblia: "Eis que estou à porta e bato. Se alguém ouvir a minha voz e abrir a porta, entrarei e cearei com ele, e ele comigo" (Apocalipse 3:20). Desse convívio frutificam salvação, segurança, confiança, tranquilidade e uma série de outras vantagens e conquistas.

Fé × Agir. Martin Luther King Jr., pastor norte-americano e ativista social, disse certa vez que "fé é pisar no primeiro degrau, mesmo que você não veja a escada inteira". Acredito que você pode fazer isso. Pise nos degraus, um de cada vez, mesmo que não veja toda a escada. O mar vai se abrir, acredite! E, sempre que tiver dúvidas, apenas obedeça. Enquanto estiver obedecendo, os montes se moverão.

Existe um valor indispensável para que nossas atitudes deem frutos: acreditar em si mesmo e na própria visão, acreditar no que se está fazendo ou no próprio objetivo. Nada acontece sem que a pessoa acredite e tenha confiança. Sem fé, é impossível fazer algo dar certo, porque "por meio da fé e da paciência" se alcança a "herança prometida" (Hebreus 6:12). A fé a que me refiro aqui é aquela que devemos ter em nós mesmos e no que estamos fazendo; a confiança indispensável para que alcancemos o sucesso, para que tenhamos a motivação necessária para enfrentar os desafios e dificuldades naturais da vida. Se você não confia em si próprio, ninguém mais confiará.

Para superar desafios, busque equilibrar esforço contínuo, entusiasmo e confiança (fé no objetivo, em você, em Deus), pois nela encontramos força (Isaías 30:15). As provações servem para fortalecer os homens. Quem não confia em si mesmo não tem a iniciativa de mudar sua realidade, e quem não confia em Deus não pode contar, ainda, com essa força extra capaz de levantar o ânimo e complementar nossos esforços.

Imagine viver em um mundo em que as pessoas são confiáveis, confiantes e seguras. Poderíamos sair às ruas despreocupados, a burocracia seria menor e haveria paz, não apenas paz social, mas também interior. Nessa hora, o que podemos fazer é nossa parte, mantendo nosso metro quadrado honesto e solidário e sendo, como dizia Gandhi, "a mudança que desejamos ver no mundo". Vamos confiar em Deus, confiar em nós mesmos e dar uma chance para as pessoas, confiando nelas. Claro que algumas não vão honrar essa atitude, mas nós teremos feito nossa parte.

> Ele respondeu: Porque a fé que vocês têm é pequena. Eu lhes asseguro que, se vocês tiverem fé do tamanho de um grão de mostarda, poderão dizer a este monte: "Vá daqui para lá", e ele irá. Nada lhes será impossível.
> **Mateus 17:20**
>
> Tudo posso naquele que me fortalece.
> **Filipenses 4:13**
>
> Todo o que nele confia jamais será envergonhado.
> **Romanos 10:11**
>
> Eu sei que o meu Redentor vive, e que no fim se levantará sobre a terra.
> **Jó 19:25**
>
> Confie no Senhor, ó Israel! Ele é o seu socorro e o seu escudo.
> **Salmos 115:9 (113:17)**
>
> Quem examina cada questão com cuidado prospera, e feliz é aquele que confia no Senhor.
> **Provérbios 16:20**
>
> Alguns confiam em carros e outros em cavalos, mas nós confiamos no nome do Senhor nosso Deus.
> **Salmos 20:7 (19:8)**

> Quem teme ao homem cai em armadilhas, mas quem confia no Senhor está seguro.
> **Provérbios 29:25**

> O Senhor é bom, um refúgio em tempos de angústia. Ele protege os que nele confiam.
> **Naum 1:7**

Outros textos interessantes:
Salmo 24 (23)
Salmo 26 (25)
Salmo 31 (30)
Salmo 46 (45)
Salmo 86 (85)
Salmo 126 (125)

20. NECESSITANDO DE ORIENTAÇÃO PARA VIVER

Uma imensa quantidade de pessoas testemunhou que deve seu sucesso, ou parte dele, ao conjunto de leis, regras e dicas que a Bíblia oferece. Em minha experiência, desde os relacionamentos até os negócios, passando por toda a minha vida nos concursos, palestras e serviço público, todas as vezes em que segui as orientações da Bíblia obtive êxito. Quando não as segui, por outro lado, amarguei grandes decepções e reveses. Por isso, Rubens Teixeira e eu sistematizamos as 50 leis bíblicas do sucesso, sendo 25 laicas – que servem para todas as pessoas, cristãs ou não – e outras 25 que se aplicam àqueles que querem estabelecer uma parceria com Deus. O sucesso destas duas obras – *As 25 leis bíblicas do sucesso* e *Sociedade com Deus* – é um reflexo do sucesso da Bíblia como melhor manual para quem procura regras para viver.

A Bíblia tem muita coisa a ensinar, seja para cristãos, que já a consideram infalível e perfeita, seja para aqueles que não compartilham dessa visão, mas que não negam o lugar dela entre os livros de sabedoria mais importantes da humanidade. Qualquer que seja a sua opinião até agora, vale a pena lê-la para acessar todo o conhecimento que ela veicula.

Ao longo deste livro, procurei listar algumas de suas indicações. Entre elas, os Dez Mandamentos, que é o conjunto de leis perfeitas para qualquer um que deseje orientação. Esse texto, que norteia a vida dos cristãos, está disponível em Êxodo 20,[9] mas o apresentarei aqui em sua forma positiva. Se você ler o rol original e refletir sobre os desafios que nos traz, assim como se ler o Sermão do Monte, em que Jesus os interpreta (Mateus 5-7), verá que estamos diante de um sistema maravilhoso de aperfeiçoamento pessoal. Mas vamos aos mandamentos:

- Deixe Deus ser Deus: ninguém faz esse serviço melhor do que Ele. Não coloque nada na posição de divindade em sua vida.
- Aprenda a lidar com um Deus que é Espírito. Aprenda a lidar com o silêncio de Deus. Quando Ele não muda as circunstâncias é porque quer mudar você.
- Faça sua palavra ter valor/credibilidade.
- Administre seu tempo. Tenha tempo para aproveitar a vida, a família, dedicar-se ao lazer e para ter mais intimidade com seu Criador e Salvador.

---

9 Indicamos a leitura integral de Êxodo 20.

- Seja um exemplo para seus filhos. Você não pode escolher que tipo de pais terá, mas pode escolher que tipo de filho será. Isso irá mudar paradigmas e a história das suas gerações.
- Preserve a vida, inclusive a sua, em todas as suas formas. Cuide da sua saúde, da saúde do próximo e de outros elementos da "vida", como a autoestima, a dignidade e os sonhos. Não mate seus sonhos nem o sonho dos outros.
- Faça seu casamento ser interessante.
- Respeite o que é do outro. Se quiser algo que não tem, trabalhe ou deixe para lá.
- Fale a verdade. Jogue limpo. Fale coisas boas. Faça sua palavra ser uma fonte do bem e não do mal.
- Seja agradecido pelo que você tem e vá viver sua vida. Não cuide da vida dos outros, mas da sua. Não reclame se Deus é generoso com todos. Aprecie a generosidade dEle com você e viva a integralidade da sua própria história.

Essa é uma visão sobre o conjunto de regras fundamentais, não há o que questionar. São os desafios aos quais devemos estar sujeitos todos os dias e a todo momento. Mas existe outro conjunto de ideias que eu gostaria de citar e propor. Trata-se dos Dez Mandamentos Paradoxais,[10] que dizem:

- As pessoas são ilógicas, irracionais e egocêntricas. Ame-as, apesar de tudo.

---

10 Do original, *The paradoxical commandments*, escrito por Kent M. Keith quando ainda era estudante do ensino médio, em 1968. Madre Teresa de Calcutá transcreveu essa oração, com algumas alterações, na parede do lugar onde trabalhava, divulgando o texto, de modo que muitos atribuíram a ela a sua autoria.

- Se você fizer o bem, as pessoas o acusarão de ter motivos egoístas ocultos. Faça o bem, apesar de tudo.
- Se você tiver sucesso, ganhará falsos amigos e inimigos verdadeiros. Busque o sucesso, apesar de tudo.
- O bem que você faz hoje será esquecido amanhã. Faça o bem, apesar de tudo.
- A honestidade e a franqueza o tornarão vulnerável. Seja honesto e franco, apesar de tudo.
- Os maiores homens e as mulheres com as maiores ideias podem ser eliminados pelos menores homens e pelas mulheres com as mentes mais estreitas. Pense grande, apesar de tudo.
- As pessoas favorecem os oprimidos, mas seguem somente os bem-sucedidos. Lute pelos oprimidos, apesar de tudo.
- Aquilo que você passa anos construindo poderá ser destruído da noite para o dia. Construa, apesar de tudo.
- As pessoas realmente precisam de ajuda, mas poderão atacá-lo se você as ajudar. Ajude as pessoas, apesar de tudo.
- Dê ao mundo o melhor de você e levará um soco na cara. Dê ao mundo o melhor de você, apesar de tudo.

Quanto ao mais, tenham todos o mesmo modo de pensar, sejam compassivos, amem-se fraternalmente, sejam misericordiosos e humildes.
1Pedro 3:8

Peçam, e lhes será dado; busquem, e encontrarão; batam, e a porta lhes será aberta. Pois todo o que pede, recebe; o que busca, encontra; e àquele que bate, a porta será aberta.
Mateus 7:7-8

Portanto, irmãos, rogo-lhes pelas misericórdias de Deus que se ofereçam em sacrifício vivo, santo e agradável a Deus; este é o culto racio-

nal de vocês. Não se amoldem ao padrão deste mundo, mas transformem-se pela renovação da sua mente, para que sejam capazes de experimentar e comprovar a boa, agradável e perfeita vontade de Deus. Pois pela graça que me foi dada digo a todos vocês: ninguém tenha de si mesmo um conceito mais elevado do que deve ter; mas, pelo contrário, tenha um conceito equilibrado, de acordo com a medida da fé que Deus lhe concedeu. [...] O amor deve ser sincero. Odeiem o que é mau; apeguem-se ao que é bom. Dediquem-se uns aos outros com amor fraternal. Prefiram dar honra aos outros mais do que a si próprios. Nunca lhes falte o zelo, sejam fervorosos no espírito, sirvam ao Senhor. Alegrem-se na esperança, sejam pacientes na tribulação, perseverem na oração. Compartilhem o que vocês têm com os santos em suas necessidades. Pratiquem a hospitalidade. Abençoem aqueles que os perseguem; abençoem, e não os amaldiçoem. Alegrem-se com os que se alegram; chorem com os que choram. Tenham uma mesma atitude uns para com os outros. Não sejam orgulhosos, mas estejam dispostos a associar-se a pessoas de posição inferior. Não sejam sábios aos seus próprios olhos. Não retribuam a ninguém mal por mal. Procurem fazer o que é correto aos olhos de todos. Façam todo o possível para viver em paz com todos. Amados, nunca procurem vingar-se, mas deixem com Deus a ira, pois está escrito: "Minha é a vingança; eu retribuirei", diz o Senhor. Pelo contrário: "Se o seu inimigo tiver fome, dê-lhe de comer; se tiver sede, dê-lhe de beber. Fazendo isso, você amontoará brasas vivas sobre a cabeça dele". Não se deixem vencer pelo mal, mas vençam o mal com o bem.
Romanos 12:1-3,9-21

[...] nada trouxemos para este mundo e dele nada podemos levar; por isso, tendo o que comer e com que vestir-nos, estejamos com isso satisfeitos. Os que querem ficar ricos caem em tentação, em armadilhas e em muitos desejos descontrolados e nocivos, que levam os ho-

mens a mergulharem na ruína e na destruição, pois o amor ao dinheiro é raiz de todos os males. [...] Você, porém, homem de Deus, fuja de tudo isso e busque a justiça, a piedade, a fé, o amor, a perseverança e a mansidão. Combata o bom combate da fé. [...] Ordene aos que são ricos no presente mundo que não sejam arrogantes, nem ponham sua esperança na incerteza da riqueza, mas em Deus, que de tudo nos provê ricamente, para a nossa satisfação. Ordene-lhes que pratiquem o bem, sejam ricos em boas obras, generosos e prontos para repartir.
1Timóteo 6:7-12,17-18

Tenham cuidado para que ninguém retribua o mal com o mal, mas sejam sempre bondosos uns para com os outros e para com todos. Alegrem-se sempre. Orem continuamente. Deem graças em todas as circunstâncias, pois esta é a vontade de Deus para vocês em Cristo Jesus. Não apaguem o Espírito. Não tratem com desprezo as profecias, mas ponham à prova todas as coisas e fiquem com o que é bom. Afastem-se de toda forma de mal.
1Tessalonicenses 5:15-22

Outros textos interessantes:
Salmo 15 (14)
Salmo 112 (111)
Salmo 119 (118)

21. PASSANDO POR SOFRIMENTO, PERSEGUIÇÃO, PRECONCEITOS OU *BULLYING*

Existe uma noção errada de que, se você fizer o que é bom e correto, não passará por sofrimentos nem sofrerá perseguições. Ledo engano. Se é certo que agir mal conduz ao sofrimento e pode gerar perseguição, ilude-se quem acha que existe alguém imune a tais problemas. A bem da verdade, se alguém vive em um lugar onde a cultura é a da corrupção e do desrespeito, pode ser que haja mais perseguição por agir bem do que por proceder mal.

Há ainda a possibilidade de passar por sofrimento simplesmente por não se enquadrar à maioria. Gosto da frase que diz que você pode ser vegetariano, mas, se entrar na arena dos touros, eles vão atacá-lo de qualquer jeito. É muito comum ver por aí pessoas distribuídas em algumas classes: os populares, os neutros e os mal-afamados. Para ser famoso, basta uma boa qualidade: ou habilidade nos esportes, ou riqueza, ou beleza, ou inteligência etc. Do outro lado, estão os exageradamente feios, pobres, mal relacionados, brigões. Os que não se destacam muito em nenhuma área são os neutros, corriqueiros. Não é raro que em um desses grupos surja alguém que deseja impor respeito por meio da violência (física ou emocional). E quem está sob o domínio desses deseja, em geral, passar despercebido, não ser notado, para não se tornar uma vítima.

O mundo vai atacar você, acostume-se com essa ideia. O que podemos fazer é adotar medidas para lidar com o sofrimento e a perseguição.

A primeira é evitar gerar problemas tanto quanto possível, a outra é criar medidas defensivas. Algumas vezes, a perseguição é prevista: "Bem-aventurados serão vocês quando, por minha causa, os insultarem, perseguirem e levantarem todo tipo de calúnia contra vocês. Alegrem-se e regozijem-se, porque grande é a recompensa de vocês nos céus, pois da mesma forma perseguiram os profetas que viveram antes de vocês" (Mateus 5:11-12).

A segunda é não aceitar o sofrimento exploratório. Se você está passando por uma situação de *bullying* ou de assédio (moral, sexual) presencialmente ou on-line, não se deixe dominar pela violência que está sofrendo. Encontre sua voz e faça o que puder contra a injustiça. Procure aconselhamento; existe apoio para casos de assédio. É sempre útil lembrar que Jesus foi perseguido injustamente, cuspido, ofendido, ridicularizado, traído e morto de forma cruel. Ele sabe o que é isso e pode se compadecer de nós.

Em terceiro lugar, quando vir outros passando por sofrimento, pronuncie-se. Tive a oportunidade de estudar com um rapaz, do grupo dos populares, que, em vez de conformar-se ou ser conivente com o *bullying*, intervinha em nome dos menores e menos fortes. Pessoas como esse rapaz existem aos montes, mas ganham menos destaque do que os que se impõem pela violência.

Em quarto lugar, considere que a perseguição pode ser sinal de que estamos fazendo algo relevante. Inovação incomoda, sucesso incomoda, cristianismo autêntico incomoda, pensar diferente da média... incomoda. Enfim, tem muita coisa boa que infelizmente incomoda. Não nos esqueçamos da lição de Albert Einstein: "Grandes espíritos sempre encontraram uma grande resistência das mentes medíocres". Se é por isso que você está sendo perseguido, então ótimo!

Há inúmeras narrativas bíblicas sobre pessoas bem-sucedidas em sua vida profissional e espiritual, mas que, socialmente, foram rejeitadas, como é o caso de Jeremias. Já outros, como Paulo, foram admirados dentro de alguns meios e perseguidos em outros.

Por fim, se alguém magoá-lo ou errar com você, seja gentil e magnânimo. Jesus recomenda amar os inimigos, orar por aqueles que nos perseguem e perdoar. Quando questionado sobre essa postura, Pedro demonstrou todo o seu entendimento: "Então Pedro aproximou-se de Jesus e perguntou: 'Senhor, quantas vezes deverei perdoar a meu irmão quando ele pecar contra mim? Até sete vezes?'. Jesus respondeu: 'Eu lhe digo: não até sete, mas até setenta vezes sete'" (Mateus 18:21-22).

Eu, particularmente, acredito que sofrimento é parte da vida. Seja resiliente, saiba enfrentar obstáculos, resistir às adversidades e seguir aprendendo, ajudando e fazendo o bem. Não devemos desistir de nossos objetivos nem mudar nossa maneira de ser por estarmos atravessando um período difícil. Podemos amadurecer e evoluir, mas não desanimar.

A mensagem de Jesus é clara. Ele quer que você cuide da sua vida, da sua carreira, das suas tarefas e não se preocupe com o que os outros estão fazendo. Ele se encarrega de vigiar o próximo para que você não precise se preocupar. Portanto, não dê atenção e não se desvie de seu bom caminho.

> Então Pedro começou a falar: "Agora percebo verdadeiramente que Deus não trata as pessoas com parcialidade, mas de todas as nações aceita todo aquele que o teme e faz o que é justo".
> **Atos 10:34-35**

> Bem-aventurados os perseguidos por causa da justiça, pois deles é o Reino dos céus. Bem-aventurados serão vocês quando, por minha causa, os insultarem, perseguirem e levantarem todo tipo de calúnia contra vocês. Alegrem-se e regozijem-se, porque grande é a recompensa de vocês nos céus, pois da mesma forma perseguiram os profetas que viveram antes de vocês.
> **Mateus 5:10-12**

> De todos os lados somos pressionados, mas não desanimados; ficamos perplexos, mas não desesperados; somos perseguidos, mas não abandonados; abatidos, mas não destruídos.
> **2Coríntios 4:8-9**

Não tenham medo dos que matam o corpo, mas não podem matar a alma. Antes, tenham medo daquele que pode destruir tanto a alma como o corpo no inferno. Não se vendem dois pardais por uma moedinha? Contudo, nenhum deles cai no chão sem o consentimento do Pai de vocês. Até os cabelos da cabeça de vocês estão todos contados. Portanto, não tenham medo; vocês valem mais do que muitos pardais!
Mateus 10:28-31

Por isso não tema, pois estou com você; não tenha medo, pois sou o seu Deus. Eu o fortalecerei e o ajudarei; eu o segurarei com a minha mão direita vitoriosa.
Isaías 41:10

Mesmo quando eu andar por um vale de trevas e morte, não temerei perigo algum, pois tu estás comigo; a tua vara e o teu cajado me protegem. Preparas um banquete para mim à vista dos meus inimigos. Tu me honras, ungindo a minha cabeça com óleo e fazendo transbordar o meu cálice.
Salmos 23:4-5 (22:4-5)

Livrou-me do meu inimigo poderoso, dos meus adversários, fortes demais para mim. [...] Ele treina as minhas mãos para a batalha e os meus braços para vergar um arco de bronze.
Salmos 18:17,34 (17:18,35)

Como um pai tem compaixão de seus filhos, assim o Senhor tem compaixão dos que o temem.
Salmos 103:13 (102:13)

Outros textos interessantes:
Salmo 1
Salmo 69 (68)
Salmo 18 (17)
Salmo 26 (25)
Salmo 91 (90)
Salmo 139 (138)

22. DIFICULDADE PARA DAR OU RECEBER PERDÃO

Não se perdoar ou não perdoar alguém significa carregar um peso extra na mochila da vida. Para mostrar um exemplo de como se pode carregar o que já passou, conto a história do monge, do discípulo e da donzela:

Era a manhã de um belo dia. Um velho monge, acompanhado de um discípulo, estava para atravessar um córrego quando o jovem, avistando uma belíssima donzela, ofereceu-se para levá-la em seus braços até a outra margem, para que ela não molhasse os pés. A moça recusou, mas disse que aceitaria a oferta de ser carregada pelo monge, que, em sua bondade, gentilmente acedeu. O mestre e seu aprendiz prosseguiram viagem até o anoitecer. Quando estavam para dormir, o rapaz comentou, num suspiro e com a voz carregada de consternação: "Puxa, mestre, o senhor carregou aquela mulher linda nos braços...". O monge apenas disse: "É, meu filho, e você continua carregando-a em suas costas até agora...".

Precisamos parar de carregar pedras na mochila. Feridas maltratadas e mal curadas podem ensejar quadros difíceis de resolver no futuro. Perdoar e ser perdoado pode ser libertador. Devemos ficar entusiasmados com a possibilidade do perdão em nosso meio, seja em benefício próprio, seja em benefício de outros.

O perdão marca um recomeço. Aquele que pede perdão sente-se aliviado, porque a culpa pesa mais do que a humildade de admitir o erro. Perdoar alguém é ainda mais gratificante. É isso o que Deus espera de nós, que criemos uma rede sem fim de pessoas dispostas a curar umas às outras, como nós fomos curados por Ele ao sermos perdoados.

Uma boa lição sobre perdão nos foi contada por Jesus. O mestre é amoroso, mas também firme:

"Por isso, o Reino dos céus é como um rei que desejava acertar contas com seus servos. Quando começou o acerto, foi trazido à sua presença um que lhe devia uma enorme quantidade de prata. Como não tinha condições de pagar, o senhor ordenou que ele, sua mulher, seus filhos e tudo o que ele possuía fossem vendidos para pagar a dívida. O servo prostrou-se diante dele e lhe implorou: 'Tem paciência comigo, e eu te pagarei tudo'. O senhor daquele servo teve compaixão dele, cancelou a dívida e o deixou ir. Mas quando aquele servo saiu, encontrou um de seus conservos, que lhe devia cem denários. Agarrou-o e começou a sufocá-lo, dizendo: 'Pague-me o que me deve!'. Então o seu conservo caiu de joelhos e implorou-lhe: 'Tenha paciência comigo, e eu lhe pagarei'. Mas ele não quis. Antes, saiu e mandou lançá-lo na prisão, até que pagasse a dívida. Quando os outros servos, companheiros dele, viram o que havia acontecido, ficaram muito tristes e foram contar ao seu senhor tudo o que havia acontecido. Então o senhor chamou o servo e disse: 'Servo mau, cancelei toda a sua dívida porque você me implorou. Você não devia ter tido misericórdia do seu conservo como eu tive de você?'. Irado, seu senhor entregou-o aos torturadores, até que pagasse tudo o que devia. 'Assim também lhes fará meu Pai celestial, se cada um de vocês não perdoar de coração a seu irmão'." (Mateus 18:23-35)

Deus já perdoou sua enorme dívida com Ele, basta aceitar Jesus para receber o perdão. Agora, resta saber como você vai lidar com aqueles que lhe devem.

Às vezes, fica um impasse sobre quem deve tomar a iniciativa em uma relação já desgastada. Em geral, os dois lados não querem se expor e ficam esperando uma ação do outro. Penso que Jesus ensina como resolver isso. Quando queriam apedrejar a mulher adúltera, o mestre disse que aquele que estivesse sem pecado deveria jogar a primeira pedra. Funcionou. No caso do perdão, não fique tentando ver quem tem mais culpa ou deve começar o processo de cura. Eu sugiro que você lance a primeira flor.

> Pois se perdoarem as ofensas uns dos outros, o Pai celestial também lhes perdoará. Mas se não perdoarem uns aos outros, o Pai celestial não lhes perdoará as ofensas.
> **Mateus 6:14-15**

> Não julguem, para que vocês não sejam julgados. Pois da mesma forma que julgarem, vocês serão julgados; e a medida que usarem também será usada para medir vocês. Por que você repara no cisco que está no olho do seu irmão e não se dá conta da viga que está em seu próprio olho? Como você pode dizer ao seu irmão: "Deixe-me tirar o cisco do seu olho", quando há uma viga no seu? Hipócrita, tire primeiro a viga do seu olho, e então você verá claramente para tirar o cisco do olho do seu irmão.
> **Mateus 7:1-5**

> Tomem cuidado. Se o seu irmão pecar, repreenda-o e, se ele se arrepender, perdoe-lhe. Se pecar contra você sete vezes no dia, e sete vezes voltar a você e disser: "Estou arrependido", perdoe-lhe.
> **Lucas 17:3-4**

Humilhem-se diante do Senhor, e ele os exaltará. Irmãos, não falem mal uns dos outros. Quem fala contra o seu irmão ou julga o seu irmão fala contra a Lei e a julga. Quando você julga a Lei, não a está cumprindo, mas está se colocando como juiz. Há apenas um Legislador e Juiz, aquele que pode salvar e destruir. Mas quem é você para julgar o seu próximo?
Tiago 4:10-12

Naquela ocasião ordenei aos juízes de vocês: "Atendam as questões de seus irmãos e julguem com justiça, não só as questões entre os seus compatriotas como também entre um israelita e um estrangeiro. Não sejam parciais no julgamento! Atendam tanto o pequeno como o grande [...].
Deuteronômio 1:16-17

Se confessarmos os nossos pecados, ele é fiel e justo para perdoar os nossos pecados e nos purificar de toda injustiça.
1João 1:9

O amor é paciente, o amor é bondoso. Não inveja, não se vangloria, não se orgulha. Não maltrata, não procura seus interesses, não se ira facilmente, não guarda rancor. O amor não se alegra com a injustiça, mas se alegra com a verdade. Tudo sofre, tudo crê, tudo espera, tudo suporta. [...] Assim, permanecem agora estes três: a fé, a esperança e o amor. O maior deles, porém, é o amor.
1Coríntios 13:4-7,13

Outros textos interessantes:
João 17:20-21
João 13:35
Salmo 32 (31)

Salmo 41 (40)
Salmo 86 (85)

23. PRECISANDO CONTROLAR AS PALAVRAS

A capacidade de se comunicar é necessária em todos os momentos de nossa vida. Precisamos dela para sermos compreendidos, para compreender e para conquistar o coração do amigo, da esposa, do chefe, do subordinado, do próximo. É por meio da fala que alcançamos o outro, cativamos e convencemos e que teremos maior ou menor sucesso. A comunicação é, portanto, indispensável. Ela existe a cada instante e com ela podemos ferir e curar, fazer sorrir ou até chorar. Através dela governamos nossa vida e, como disse Disraeli, com ela podemos governar os homens e, consequentemente, nações, o mundo, o destino. E, mesmo antes de governarmos os outros, as palavras nos permitem o autocontrole e o governo próprio.

Falhar na comunicação, na fala (na forma oral ou escrita), representará exercer menos influência do que poderíamos, magoar muita gente e deixar de ajudar tantas outras. O livro de Provérbios fala muito sobre oratória, negociação e comunicação e sobre como lidar com críticas. Selecionei algumas das lições do Capítulo 15 deste livro com o intuito de refletirmos sobre como seriam as pessoas que praticassem seus ensinamentos:

- A resposta calma desvia a fúria, mas a palavra ríspida desperta a ira.
- A língua dos sábios torna atraente o conhecimento, mas a boca dos tolos derrama insensatez.

- O falar amável é árvore de vida, mas o falar enganoso esmaga o espírito.
- As palavras dos sábios espalham conhecimento; mas o coração dos tolos não é assim.
- O zombador não gosta de quem o corrige, nem procura a ajuda do sábio.
- O coração que sabe discernir busca o conhecimento, mas a boca dos tolos alimenta-se de insensatez.
- O homem irritável provoca dissensão, mas quem é paciente acalma a discussão.
- Dar resposta apropriada é motivo de alegria; e como é bom um conselho na hora certa!
- Quem ouve a repreensão construtiva terá lugar permanente entre os sábios.
- Quem recusa a disciplina faz pouco-caso de si mesmo, mas quem ouve a repreensão obtém entendimento.
- O temor do Senhor ensina a sabedoria, e a humildade antecede a honra.

Uma boa parte de como você se relaciona com o mundo e de como este o percebe ocorre por meio das suas palavras. Estas, ao mesmo tempo que podem ser construtoras, podem também ter o efeito inverso. Evite, sempre que possível, se envolver em brigas, disputas e litígios. Por incrível que pareça, ao ser atacado, a melhor defesa é não revidar. Ao fazer a paz, e não a guerra, você se torna mais agradável, trilha um caminho mais leve e, sobretudo, não perde seu foco. Lembre-se de que a palavra falada não volta atrás.

> Meus irmãos, não sejam muitos de vocês mestres, pois vocês sabem que nós, os que ensinamos, seremos julgados com maior rigor. To-

dos tropeçamos de muitas maneiras. Se alguém não tropeça no falar, tal homem é perfeito, sendo também capaz de dominar todo o seu corpo. Quando colocamos freios na boca dos cavalos para que eles nos obedeçam, podemos controlar o animal todo. Tomem também como exemplo os navios; embora sejam tão grandes e impelidos por fortes ventos, são dirigidos por um leme muito pequeno, conforme a vontade do piloto. Semelhantemente, a língua é um pequeno órgão do corpo, mas se vangloria de grandes coisas. Vejam como um grande bosque é incendiado por uma simples fagulha.
Tiago 3:1-5

Quando são muitas as palavras, o pecado está presente, mas quem controla a língua é sensato.
Provérbios 10:19

A língua dos sábios torna atraente o conhecimento, mas a boca dos tolos derrama insensatez.
Provérbios 15:2

[...] quem fala com equilíbrio promove a instrução.
Provérbios 16:21

Quando são muitas as palavras o pecado está presente, mas quem controla a língua é sensato.
Provérbios 10:19

Outros textos interessantes:
Salmo 15 (14)
Salmo 55 (54)
Salmo 112 (111)

24. PRECISANDO CONTROLAR O TEMPERAMENTO

Muitas pessoas acreditam que, por terem um hábito há muito tempo, são incapazes de mudar. Essas pessoas não acreditam no poder da educação e da disciplina nem na capacidade transformadora das atitudes.

Piaget, um grande nome da psicologia da educação, propõe que os conhecimentos são elaborados espontaneamente pelo sujeito, de acordo com o estágio de desenvolvimento em que se encontra. A visão particular e peculiar que as crianças – seu objeto de estudo – têm sobre o mundo aproxima-se progressivamente da compreensão dos adultos.

Vygotsky, por sua vez, propõe que, como a criança já nasce em um mundo social estabelecido e, desde o nascimento, forma a sua visão desse mundo através da interação com adultos ou crianças mais experientes, sua compreensão da realidade não parte do indivíduo para o social, mas o contrário.

Resumidamente, isso significa que pessoas nascem e morrem sem ter a oportunidade de mudar seus hábitos, valores e o modo como se comportam. Pois são a todo momento recordadas pelo grupo social em que estão inseridas sobre os valores e atitudes delas esperados.

O Novo Testamento faz inúmeras referências à possibilidade de mudança para alcançar o equilíbrio do temperamento, com listas de coisas que precisam sair de nossa vida a fim de permitir a ação de Deus para nos tornarmos indivíduos mais maduros e temperados. Qualquer que seja seu temperamento, é possível aprender a controlá-lo, bem como seus impulsos e os desafios impostos por sua individualidade.

Não importa se você é assim ou assado, se é amargurado, irado ou genioso. O mais importante é sua capacidade de transformar sua energia pessoal em progressos para sua vida. Uma pessoa agitada deve treinar sua mente e seu corpo para os momentos de foco e concentração. Outra, mais parada, deve usar essa característica para desenvolver projetos com tranquilidade. Alguém que tenda à melancolia, à depressão ou ao desânimo, deve lembrar que é possível combater essas dificuldades e que tem a Bíblia como aliada. Seja qual for seu temperamento, seu objetivo deve ser sempre o equilíbrio e a paz.

> Livrem-se de toda amargura, indignação e ira, gritaria e calúnia, bem como de toda maldade.
> **Efésios 4:31**

> Quando vocês ficarem irados, não pequem. Apaziguem a sua ira antes que o sol se ponha.
> **Efésios 4:26**

> O homem irado provoca brigas, e o de gênio violento comete muitos pecados. O orgulho do homem o humilha, mas o de espírito humilde obtém honra.
> **Provérbios 29:22-23**

> Como a cidade com seus muros derrubados, assim é quem não sabe dominar-se.
> **Provérbios 25:28**

> O fim das coisas é melhor do que o seu início, e o paciente é melhor que o orgulhoso. Não permita que a ira domine depressa o seu espírito, pois a ira se aloja no íntimo dos tolos
> **Eclesiastes 7:8-9**

Outros textos interessantes:
Salmo 6
Salmo 15 (14)
Salmo 32 (31)

25. PRECISANDO DOMINAR O ORGULHO E A VAIDADE SOZINHO

Reza uma fábula moderna que um cavaleiro vivia, fazia muito tempo, em um reino muito antigo e tinha como maior orgulho sua armadura, que brilhava ao sol e concedia-lhe, pensava ele, uma imagem de herói, já que passava todo seu tempo a salvar donzelas e a praticar outros atos que ele considerava "de bravura". O nosso herói dedicou-se tanto a tal empreendimento que se descuidou de sua própria vida e família. Acabou sendo abandonado pela esposa, desanimada por não conseguir sequer ver seu rosto, uma vez que, a este ponto, a armadura já era parte do marido. Vendo-se sozinho, o herói resolveu mudar de vida, mas, para sua surpresa, não conseguia mais livrar-se daquele monte de ferro preso ao seu corpo.

A soberba é o pecado capital relativo ao orgulho, que se manifesta quando alguém se acha melhor que os outros, não respeitando o próximo e passando por cima de tudo e de todos. A Bíblia é categórica ao declarar que o orgulho precede a queda e que todo monte será abatido (Provérbios 16:18 e 18:12; Isaías 40:4).

O relativismo moral tem levado à enganosa compreensão de que o orgulho e a vaidade não são pecados, sendo até estimulados. Vivemos em uma sociedade que não quer falar em pecado e que usa artifícios semânticos para justificar ações reprováveis. As pessoas não adulteram mais; elas têm casos. Políticos não roubam; cometem fraudes. Não somos vaidosos, somos vítimas da ditadura da moda. Não somos orgulhosos e arrogantes, somos "*self-made*". O pecado foi diminuído e rebatizado como "desvio de conduta", e falar em pecado/pecar já está sendo considerado politicamente incorreto.

Independentemente do que possa ser propagado pela mídia ou difundido nas redes sociais, o pecado ainda existe e é o responsável por nos afastarmos de Deus e uns dos outros. Essa é a mesma estrada que segue a vaidade, o orgulho, a presunção, a vanglória. Para evitar a queda profetizada na Bíblia, é preciso mudar. Exercitar a humildade e a deferência. Aceitar críticas e flexibilizar nossos conceitos.

A vida é efêmera, frágil e sempre surpreendente. O acaso e as mudanças de cenário são parte do jogo. Uma hora, estamos por cima; outra, podemos estar por baixo. Por isso, uma dose de humildade e flexibilidade não faz mal a ninguém. Quem é arrogante e pretensioso tem menos chances de prever essas reviravoltas e de se adaptar às surpresas da vida.

A Bíblia afirma que a vida de um homem não consiste na abundância dos bens que possui (Lucas 12:15); por outro lado, consiste em seus relacionamentos, na capacidade de se conectar com as pessoas e com Deus. Muitos, no afã de se tornarem reconhecidos, de obterem sucesso, de galgarem novos degraus na escada da vida, acabam queimando as pontes que os ligam aos amigos e parentes e se isolam. Por tudo isso, é preciso ter muito cuidado para que seu sucesso/sua conquista/sua relação com a divindade não lhe "suba à cabeça" e faça de você uma pessoa arrogante. A humildade, além de angariar a admiração e a simpatia de todos, é um requisito para continuarmos evoluindo.

Se, por orgulho, você se afastou de pessoas, procure restaurar os laços com humildade. Busque retomar relacionamentos, perdoe e peça perdão, não remoa mais o passado e se permita construir novas relações. Nenhum homem é uma ilha, e você precisará de ajuda para alcançar seus objetivos, nem que seja apenas para compartilhar suas motivações.

Se a ideia é ser o primeiro e o melhor, Martin Luther King Jr. nos oferece um bom modo de fazer isso, ao declarar que "todos nós temos o instinto maior do rufar dos tambores. Todos queremos ser importantes, superar os outros, alcançar distinção, liderar a parada. E a grande questão da vida é domar esse instinto. É um bom instinto se você não o distorcer e o perverter. Não desista. Continue sentindo a necessidade de ser importante. Continue sentindo a necessidade de ser o primeiro. Mas eu quero que você seja o primeiro no amor. Quero que você seja o primeiro em excelência moral. Quero que você seja o primeiro em generosidade". Eis uma boa maneira de se orgulhar, de ser o melhor em tais predicados.

> Descobri que todo trabalho e toda realização surgem da competição que existe entre as pessoas. Mas isso também é absurdo, é correr atrás do vento. O tolo cruza os braços e destrói a própria vida. Melhor é ter um punhado com tranquilidade do que dois punhados à custa de muito esforço e de correr atrás do vento. Descobri ainda outra situação absurda debaixo do sol: Havia um homem totalmente solitário; não tinha filho nem irmão. Trabalhava sem parar! Contudo, os seus olhos não se satisfaziam com a sua riqueza. Ele sequer perguntava: "Para quem estou trabalhando tanto, e por que razão deixo de me divertir?". Isso também é absurdo. É um trabalho muito ingrato! É melhor ter companhia do que estar sozinho, porque maior é a recompensa do trabalho de duas pessoas. Se um cair, o amigo pode ajudá-lo a levantar-se. Mas pobre do homem que cai e não tem quem o ajude a levantar-se! E se dois dormirem juntos, vão manter-se aquecidos. Como, porém, manter-se aquecido sozinho? Um ho-

mem sozinho pode ser vencido, mas dois conseguem defender-se. Um cordão de três dobras não se rompe com facilidade.
Eclesiastes 4:4-12

Conservem-se livres do amor ao dinheiro e contentem-se com o que vocês têm, porque Deus mesmo disse: "Nunca o deixarei, nunca o abandonarei". Podemos, pois, dizer com confiança: "O Senhor é o meu ajudador, não temerei. O que me podem fazer os homens?".
Hebreus 13:5-6

Clame a mim e eu responderei e lhe direi coisas grandiosas e insondáveis que você não conhece.
Jeremias 33:3

Pois todo aquele que a si mesmo se exaltar será humilhado, e todo aquele que a si mesmo se humilhar será exaltado.
Mateus 23:12

Há seis coisas que o Senhor odeia, sete coisas que ele detesta: olhos altivos, língua mentirosa, mãos que derramam sangue inocente, coração que traça planos perversos, pés que se apressam para fazer o mal, a testemunha falsa que espalha mentiras e aquele que provoca discórdia entre irmãos.
Provérbios 6:16-19

O orgulho do homem o humilha, mas o de espírito humilde obtém honra.
Provérbios 29:23

Pois pela graça que me foi dada digo a todos vocês: ninguém tenha de si mesmo um conceito mais elevado do que deve ter; mas, pelo

contrário, tenha um conceito equilibrado, de acordo com a medida da fé que Deus lhe concedeu.
Romanos 12:3

Ai dos que são sábios aos seus próprios olhos e inteligentes em sua própria opinião.
Isaías 5:21

Não digam, pois, em seu coração: "A minha capacidade e a força das minhas mãos ajuntaram para mim toda esta riqueza". Mas, lembrem-se do Senhor, do seu Deus, pois é ele que lhes dá a capacidade de produzir riqueza, confirmando a aliança que jurou aos seus antepassados, conforme hoje se vê.
Deuteronômio 8:17-18

Outros textos interessantes:
Salmo 23 (22)
Salmo 32 (31)
Salmo 91 (90)
Salmo 103 (102)
Salmo 124 (123)
Salmo 139 (138)

26. PRECISANDO DE SALVAÇÃO OU DESVIADO

Uma das histórias mais conhecidas da Bíblia é a parábola do Filho Pródigo, um jovem insatisfeito com a vida na fazenda do pai que pega sua parte da herança e vai em busca de mudanças. Eis a história contada por Jesus:

Um homem tinha dois filhos. O mais novo disse ao seu pai: "Pai, quero a minha parte da herança". Assim, ele repartiu sua propriedade entre eles. Não muito tempo depois, o filho mais novo reuniu tudo o que tinha e foi para uma região distante; e lá desperdiçou os seus bens vivendo irresponsavelmente. Depois de ter gastado tudo, houve uma grande fome em toda aquela região, e ele começou a passar necessidade. Por isso foi empregar-se com um dos cidadãos daquela região, que o mandou para o seu campo a fim de cuidar de porcos. Ele desejava encher o estômago com as vagens de alfarrobeira que os porcos comiam, mas ninguém lhe dava nada. Caindo em si, ele disse: "Quantos empregados de meu pai têm comida de sobra, e eu aqui, morrendo de fome! Eu me porei a caminho e voltarei para meu pai, e lhe direi: Pai, pequei contra o céu e contra ti. Não sou mais digno de ser chamado teu filho; trata-me como um dos teus empregados". A seguir, levantou-se e foi para seu pai. Estando ainda longe, seu pai o viu e, cheio de compaixão, correu para seu filho, e o abraçou e beijou. O filho lhe disse: "Pai, pequei contra o céu e contra ti. Não sou mais digno de ser chamado teu filho". Mas o pai disse aos seus servos: "Depressa! Tragam a melhor roupa e vistam nele. Coloquem um anel em seu dedo e calçados em seus pés. Tragam o novilho gordo e matem-no. Vamos fazer uma festa e comemorar. Pois este meu filho estava morto e voltou à vida; estava perdido e foi achado". E começaram a festejar.
Lucas 15:11-32

Imagine esse filho caçula no momento em que, quebrado financeiramente, após perder uma fortuna, terminou cuidando dos porcos. Sua insatisfação e açodamento o levaram a ofender seu pai, a partir para outro país e a perder tudo que tinha. Mais do que dinheiro, ele tinha perdido sua autoestima. De rico, protegido e insatisfeito, agora ele só tinha o insatisfeito e derrotado.

Ele só conseguiu fracasso. Alguns pensariam em suicídio, outros entrariam em depressão profunda. Imagine quantas chances ele desperdiçou: filho de um grande e experiente empresário, não se preparou para os desafios que teria pela frente. Não se aconselhou com o pai nem tentou aprender com ele como administrar sua riqueza, escolher bons sócios e distinguir os falsos amigos dos verdadeiros. Do alto de sua arrogância, simplesmente pediu sua parte do dinheiro e foi embora, mas administrou tudo errado. Deveria se sentir tolo pensando nos falsos amigos (e talvez nas belas namoradas) que o abandonaram quando empobreceu. Não sei se você está passando por algo assim, mas eu já me senti como esse rapaz, desviado, perdido, fracassado. Se é o seu caso, existem caminhos.

Ao presenteá-lo com este livro, tive a intenção de apresentar-lhe os ensinamentos da Bíblia. Mesmo que eventualmente não compartilhemos a mesma fé, a Bíblia traz vários conselhos sábios para resolver os desafios que vão surgindo nas diferentes etapas e que, quando postos em prática, são fonte de extraordinário poder. Porém, o assunto central da Bíblia é ter paz com Deus através do sacrifício de Seu Filho Jesus. Se você quer ser salvo, Jesus é o caminho para voltar ao Pai celestial.

Quando tudo deu errado, aquele rapaz caiu em si e começou a traçar um plano de saída. Ele não ficou se lamuriando. Ele podia estar no meio dos porcos, com fome, infeliz, derrotado e remoendo os erros que cometera, mas não se entregou. Traçou de novo um plano e o executou. Ele conseguiu aprender com os erros, mesmo tendo de parar num chiqueiro para descobrir que "era feliz e não sabia". Nesse momento, já mais maduro, admite voltar ao pai, confessar seus erros e humildemente pedir uma posição subalterna, mas ainda assim melhor do que aquela em que se encontrava.

Um dos problemas que ele tinha era imaginar como o pai o receberia. E se o pai não quisesse falar com ele? E se o mandasse sair de perto? Bem, mas isso não dependia dele. Por sorte, seu pai o recebeu com amor e sequer aceitou que ele ficasse como um pária.

E você? Não sei quanto se desviou, mas, mesmo que tenha ido parar no chiqueiro, sem nada a não ser a companhia de lama e porcos, estou certo de que pode seguir o bom exemplo daquele rapaz. Caia em si, reflita e decida voltar para a casa do pai. Sabemos que algumas pessoas poderão não nos perdoar ou aceitar, como foi o caso do irmão mais velho do filho pródigo. Infelizmente, nem todos que citam a Bíblia (pessoas ou igrejas) agem de acordo com o propósito de Deus, que é relacionar-se com Seus filhos e tornar a vida dos homens mais abundante e feliz.

Porém, apesar de todos sermos pecadores, o Pai celestial sempre está "na varanda" nos aguardando, esperando que tomemos a decisão de sair do lugar de culpa, pecado, depressão e desânimo. Nosso Pai nos concedeu um dos maiores presentes, a possibilidade de sermos salvos. Deus quer que tenhamos uma vida correta e abençoada, uma vida plena, próspera e abundante em todos os sentidos.

O homem foi criado para ter um relacionamento perfeito com Deus, mas, por causa de sua desobediência e rebeldia, escolheu o mesmo que o filho pródigo: seguir o próprio caminho. Com isso, aquele relacionamento perfeito foi, aos poucos, se deteriorando. O pecado é um estado de indiferença do homem para com Deus, que se caracteriza por uma atitude de rebelião ativa ou indiferença passiva. Para contornar essa indiferença/rebelião e voltar para casa, separamos algumas leis espirituais que resumem o conceito da salvação proposto na Bíblia:

- **1ª Lei Espiritual**: Deus o ama e tem um plano maravilhoso para a sua vida.
- **2ª Lei Espiritual**: o homem é pecador e está separado de Deus; por isso, não pode conhecer nem experimentar o amor e o plano de Deus para a sua vida.
- **3ª Lei Espiritual**: Jesus é a única solução de Deus para o homem pecador. Por meio dEle, você pode conhecer o amor e o plano de Deus para a sua vida.
- **4ª Lei Espiritual**: precisamos receber Jesus como Salvador e Senhor, por meio de um convite pessoal. Só então poderemos conhecer e experimentar o amor e o plano de Deus para a nossa vida.

Desejo que você entenda que o Pai está ao seu alcance, até porque foi dEle a iniciativa da reconciliação. Existem algumas igrejas e líderes que não seguem a Bíblia como deveriam, mas nossa referência é Jesus, não os homens. O ponto positivo é que sempre haverá igrejas com as portas abertas para recebê-lo, com ministros da Palavra de Deus realmente preocupados em auxiliá-lo no caminho da verdade.

Não deixe que maus religiosos atrapalhem sua relação com Deus. Lembre-se de que nosso padrão é Jesus, não os homens. A Bíblia fala: "[...] andar como ele andou" (1João 2:6). Se você permitir que Jesus participe de sua vida, Ele nunca falhará com você. E seu Pai que está nos céus irá recebê-lo com um abraço tão logo você retorne. Alguém que esteja desviado do caminho certo pode, a qualquer hora, mudar a direção e caminhar para a casa do Pai.

Deus conhece você e está mais interessado na atitude do seu coração do que em suas palavras. Por isso, restabelecer seu contato com Ele é simples. O arrependimento e a oração são formas de retomar esse importante contato.

Senhor Jesus, eu preciso de Ti. Abro a porta da minha vida e Te recebo como meu Salvador e Senhor. Eu Te agradeço porque me aceitas como eu sou, e perdoas os meus pecados. Toma conta da minha vida. Desejo estar dentro do Teu plano para mim. Amém.

Se essa oração expressa o desejo do seu coração, Cristo entrará em sua vida, como prometeu, e ajudará a promover seu crescimento espiritual. E haverá festa.

> Arrependam-se, pois, e voltem-se para Deus, para que os seus pecados sejam cancelados, para que venham tempos de descanso da parte do Senhor.
> **Atos 3:19-20.**

> Se afirmarmos que estamos sem pecado, enganamo-nos a nós mesmos, e a verdade não está em nós. Se confessarmos os nossos pecados, ele é fiel e justo para perdoar os nossos pecados e nos purificar de toda injustiça.
> **1João 1:8-9**

> Porque Deus tanto amou o mundo que deu o seu Filho Unigênito, para que todo o que nele crer não pereça, mas tenha a vida eterna. Pois Deus enviou o seu Filho ao mundo, não para condenar o mundo, mas para que este fosse salvo por meio dele. Quem nele crê não é condenado, mas quem não crê já está condenado, por não crer no nome do Filho Unigênito de Deus.
> **João 3:16-18**

> Mas agora se manifestou uma justiça que provém de Deus, independente da lei, da qual testemunham a Lei e os Profetas, justiça de Deus mediante a fé em Jesus Cristo para todos os que creem. Não há

distinção, pois todos pecaram e estão destituídos da glória de Deus, sendo justificados gratuitamente por sua graça, por meio da redenção que há em Cristo Jesus.
Romanos 3:21-24

Nisto conhecemos o que é o amor: Jesus Cristo deu a sua vida por nós, e devemos dar a nossa vida por nossos irmãos. Se alguém tiver recursos materiais e, vendo seu irmão em necessidade, não se compadecer dele, como pode permanecer nele o amor de Deus? Filhinhos, não amemos de palavra nem de boca, mas em ação e em verdade.
1João 3:16-18

Confie no Senhor de todo o seu coração e não se apoie em seu próprio entendimento.
Provérbios 3:5

Outros textos interessantes:
Salmo 42 (41)
Salmo 51 (50)
Salmo 103 (102)
Salmo 124 (123)
Salmo 126 (125)

27. COMO BUSCAR A DIREÇÃO DE DEUS NA SUA VIDA[11]

Conta uma antiga lenda que um discípulo foi em seu camelo até a tenda de um grande sábio. Apeou, entrou na tenda, cur-

---
11 Ver também os Anexos, ao fim deste livro.

vou-se e disse: "Mestre, tão grande é minha confiança em Deus que deixei meu camelo solto, convicto de que Deus protege os interesses dos que O amam". O mestre respondeu: "Pois vá prender o camelo, seu tolo, Deus não vai se ocupar daquilo que você é perfeitamente capaz de fazer sozinho".

Deus não deseja que sejamos robôs. Ele quer relacionar-se com Seus filhos, orientá-Los, guiá-Los, protegê-Los e abençoá-Los, mas em uma relação saudável. Existem pessoas que querem usar Deus como babá, outros pensam que Deus não se preocupa com detalhes. Pois bem, Ele sabe quantos fios de cabelo temos na cabeça e cuida dos passarinhos e pode fazer isso, pois é onisciente.

Os textos da Bíblia confirmam o interesse de Deus em caminhar conosco e participar da nossa vida e de nossos projetos. Algumas pessoas, como o personagem bíblico Jabez (1Crônicas 9:4-10), se limitam a pedir ajuda e querem que Deus as apoie sem oferecer nada em troca. Outras demonstram gratidão, como Jacó, que prometeu construir um templo e entregar o dízimo sobre tudo o que Deus lhe desse. Por outro lado, há aqueles que, sem nada pedir, oferecem 100% da sua vida ao Senhor, a exemplo do pescador Pedro e do coletor de impostos Mateus, que largaram tudo para seguir Jesus. Em suma, todos têm a oportunidade de se associar a Deus em um grau maior ou menor, em algumas ou até em todas as áreas da vida. É preciso ter fé para entregar as decisões, integral ou parcialmente, a Deus. É preciso ter fé para orar, para permanecer em um lugar que não seja tão agradável e para acreditar que Deus vai mudar a situação no momento oportuno, de acordo com os planos dEle.

Esses planos podem ser conhecidos: parte deles está na Bíblia, outra parte Ele revela aos poucos, à medida que vamos caminhando com Ele. Se você já é cristão, o que desejo é que dê novos passos na sua vida espiritual. Veja o caso de Zaqueu, um "fiscal da Receita Federal" da época (Lucas 19:1-10). Jesus primeiro o encontrou na rua, depois ceou com ele. Porém, mesmo após ser honrado com a presença de Jesus em sua sala de estar, o "levou" para o quarto onde guardava o cofre. Ao final da conversa, resolveu abandonar a corrupção, devolver o que tinha extorquido dos contribuintes e ainda dividir a fortuna que lhe restasse com os pobres. Não há como negar que Jesus exerceu uma forte influência sobre Zaqueu, mudando sua forma de administrar a carreira e as finanças. A experiência com Jesus foi progressiva: Zaqueu ficou feliz, fez a refeição e deixou Jesus influenciar todos os "cômodos" da sua vida, ou seja, deixou de ser um fiscal corrupto, se dispôs a ressarcir quem tinha extorquido e a ser generoso com os necessitados. A direção de Deus também envolve isto: você ir subindo degrau a degrau, transformando-se em alguém mais parecido com Jesus.

Podemos não ser seus melhores servos, somos falhos e reconhecemos nossas limitações, mas Ele, por ser divino, nos aceita e protege. O cristianismo não fez de nós homens perfeitos, mas nos fez melhores do que seríamos sem ele. É o que disse Martin Luther King Jr.: "Não somos o que deveríamos ser; não somos o que queríamos ser; não somos o que iremos ser, mas, graças a Deus, não somos o que éramos". Isso acontece "porque a loucura de Deus é mais sábia que a sabedoria humana, e a fraqueza de Deus é mais forte que a força do homem" (1Coríntios 1:25).

No braseiro, a brasa se mantém acesa por longo tempo; tirada do braseiro, logo se apaga. O mesmo acontece em nosso relacionamento com Deus. Se você não mantém esse relacionamento aquecido, pode sentir como se Ele estivesse se esvaindo aos poucos. Deus, no entanto, nunca deixa de tentar acolher Seus filhos. Mas buscar a direção de Deus, ser Seu parceiro e desfrutar dessa proteção, para muitos, significa não ser um sucesso aos olhos do mundo.

Você deve estar se perguntando: mas o que nós, seres humanos cheios de defeitos, temos a oferecer a Deus? Que resultados Ele pode esperar dessa parceria? Antes de mais nada, Deus quer ver você feliz. Ele também deseja utilizar sua vida para os propósitos divinos. Deus quer abençoar você, mas espera que você siga as diretrizes dEle. Se você já dedica parte de sua vida a Deus, fortalecer sua sociedade com Ele deveria ser uma consequência natural. Não apreciar religiões ou estar distante delas não o impede de firmar esse pacto. Basta querer.

Acreditamos que Jesus veio trazer salvação e desfazer as obras do mal. Mas compreendemos também que cada um deve fazer sua parte, com esforço e preparo. Ele estende Sua proteção a todos, pobres, ricos, fracos e fortes, mas, para recebê-la, é preciso aceitar Seu poder revolucionário. É necessário aceitar essa "loucura" chamada Jesus, esse paradigma escandaloso para uns e maravilhoso para outros.

Enfim, Jesus é um escândalo e, por ser "manso e humilde" e por propor um acesso a Deus simples e viável a todos, rompe com as estruturas do mundo secular. Se você deseja fazer parte desse "bando de loucos", cuja salvação não durará apenas os meros oitenta anos terrenos, mas toda a eternidade, quero dizer que é a decisão mais importante e sublime que você pode tomar.

A ideia de uma parceria com Deus pode parecer ousada, pretensiosa ou até chocante, mas e se a Bíblia tratar não só de um Deus que está vivo, mas que também se relaciona? Um Deus que deseja, sim, ir conosco para o trabalho? Pelo que lemos nas Escrituras, Deus quer participar da nossa vida como um todo, não só da parte espiritual. Ele quer participar da nossa vida pessoal, familiar e também da nossa carreira, nossa empresa e da forma como fazemos nossos negócios.

Se você quer saber como é essa proposta, podemos afirmar que ela já está na mesa, por escrito, há séculos. Está na Bíblia e pode ser expressa em algumas leis espirituais. As leis espirituais são uma modalidade das leis da natureza e, embora sejam imateriais, são tão inexoráveis e poderosas quanto as leis físicas. Não há como fugir de suas consequências, assim como não há como escapar da lei da gravidade ou da lei do magnetismo. Deus está interessado em se tornar seu parceiro, mas você precisa querer.

> Não se amoldem ao padrão deste mundo, mas transformem-se pela renovação da sua mente, para que sejam capazes de experimentar e comprovar a boa, agradável e perfeita vontade de Deus.
> **Romanos 12:2**

> Ele mostrou a você, ó homem, o que é bom e o que o Senhor exige: Pratique a justiça, ame a fidelidade e ande humildemente com o seu Deus.
> **Miqueias 6:8**

> Confie no Senhor de todo o seu coração e não se apoie em seu próprio entendimento; reconheça o Senhor em todos os seus caminhos, e ele endireitará as suas veredas. Não seja sábio aos seus próprios olhos; tema ao Senhor e evite o mal.
> **Provérbios 3:5-7**

Um dos mestres da lei aproximou-se e os ouviu discutindo. Notando que Jesus lhes dera uma boa resposta, perguntou-lhe: "De todos os mandamentos, qual é o mais importante?". Respondeu

Jesus: "O mais importante é este: 'Ouve, ó Israel, o Senhor, o nosso Deus, o Senhor é o único Senhor. Ame o Senhor, o seu Deus de todo o seu coração, de toda a sua alma, de todo o seu entendimento e de todas as suas forças'. O segundo é este: 'Ame o seu próximo como a si mesmo'. Não existe mandamento maior do que estes". "Muito bem, Mestre", disse o homem. "Estás certo ao dizeres que Deus é único e que não existe outro além dele. Amá-lo de todo o coração, de todo o entendimento e de todas as forças, e amar ao próximo como a si mesmo é mais importante do que todos os sacrifícios e ofertas."
Marcos 12:28-33

O próprio Senhor irá à sua frente e estará com você; ele nunca o deixará, nunca o abandonará. Não tenha medo! Não se desanime!
Deuteronômio 31:8

O meu Deus suprirá todas as necessidades de vocês, de acordo com as suas gloriosas riquezas em Cristo Jesus.
Filipenses 4:19

Quanto a mim, sou pobre e necessitado, mas o Senhor preocupa-se comigo. Tu és o meu socorro e o meu libertador; meu Deus, não te demores!
Salmos 40:17 (39:18)

Mas quem me ouvir viverá em segurança e estará tranquilo, sem temer nenhum mal.
Provérbios 1:33

Escuta, Senhor, as minhas palavras, considera o meu gemer. Atenta para o meu grito de socorro, meu Rei e meu Deus, pois é a ti que

imploro. De manhã ouves, Senhor, o meu clamor; de manhã te apresento a minha oração e aguardo com esperança.
Salmos 5:1-3 (5:2-4)

Aquele que habita no abrigo do Altíssimo e descansa à sombra do Todo-poderoso pode dizer ao Senhor: Tu és o meu refúgio e a minha fortaleza, o meu Deus, em quem confio. Ele o livrará do laço do caçador e do veneno mortal. Ele o cobrirá com as suas penas, e sob as suas asas você encontrará refúgio; a fidelidade dele será o seu escudo protetor. Você não temerá o pavor da noite, nem a flecha que voa de dia, nem a peste que se move sorrateira nas trevas, nem a praga que devasta ao meio-dia. Mil poderão cair ao seu lado, dez mil à sua direita, mas nada o atingirá.
Salmos 91:1-7 (90:1-7)

Outros textos interessantes:
Salmo 6
Salmo 15 (14)
Salmo 24 (23)
Salmo 46 (45)
Salmo 112 (111)
Salmo 128 (127)

28. REMOENDO O PASSADO

Para sermos pessoas construtoras, realizadoras de ideias, alteradoras da realidade, é vital que tenhamos a capacidade de colocar um ponto-final em algumas situações. Essa é a ideia por trás do "Caso Encerrado". Algumas pessoas também chamam isso de "conclusão" ou "absolvição", o que, no entanto, implica perdão, resolução, restituição ou, pelo menos, uma apologia adequada. Infelizmente, nem sempre que acontecem coisas ruins, somos capazes de superá-las, desfazê-las, solucioná-las, e, quando isso acontece, surgem pontas soltas. E a maioria das pessoas se apega a essas pendências; são "casos não resolvidos" que – por medo ou comodidade – podem se arrastar por décadas.

Existem vários exemplos, e estes influenciam decisivamente todas as instâncias de nossa vida. Citaremos alguns: a perda de um filho; a ruína de um negócio; uma separação mal resolvida; uma traição; uma demissão injusta; uma humilhação pública; uma doença. Como dissemos, a lista de situações que podem ir ficando pelo meio do caminho sem resolução é vasta, e igualmente grande é o número de pessoas que não é capaz de lidar com a ideia de superá-las.

Fui traído muitas vezes; quebrei negócios por culpa minha, por culpa de sócios, por culpa do governo; minha mãe morreu de câncer; e não realizei muitos dos meus sonhos. Como você, também coleciono reveses. Mas aprendi que ficar parado se lamentando não adianta; é preciso, como se diz, "levantar, sacudir a poeira e dar a volta por cima". Não desperdice energia emocional com o que já passou e não volta mais. Para sua vida melhorar, junte o que tem hoje (no agora, não no ontem) e vá em direção ao futuro. Aprenda com o passado, seja grato por ele e também pelo que tem hoje. Todas as perdas e dificuldades são grandes professores, que podem nos ensinar como agir melhor.

A vida passa rápido demais para que fiquemos revivendo um mesmo instante. Por isso, crie um carimbo mental de "Caso encerrado" para usar quando for necessário. Eu não sei onde você precisa bater esse carimbo, mas você sabe. Encerre alguns "casos" para ter tempo e energia de aproveitar o que ainda está por vir.

Deixe de carregar o peso do seu passado. O passado serve para ensinar a experiência, para dar aula sobre como agir melhor no futuro. Ele é um bom professor, mas não pode ser um opressor. Ele não deve ser carregado como um fardo. Já foi dito que "o passado é um livro imenso cheio de preciosos tesouros que não se devem desprezar" e que "quem se esquece de seus erros está condenado a repeti-los". Por outro lado, também já se disse que a experiência é "um farol virado para a popa da embarcação", e sabemos que o amanhã reserva situações completamente novas. O certo é que precisamos aprender com o passado, mas jamais o deixar prejudicar nossa disposição de olhar e pensar para a frente, para o futuro. E, acresça-se, com otimismo.

> Não retribuam a ninguém mal por mal. Procurem fazer o que é correto aos olhos de todos. Façam todo o possível para viver em paz com todos. Amados, nunca procurem vingar-se, mas deixem com Deus a ira, pois está escrito: "Minha é a vingança; eu retribuirei", diz o Senhor. Pelo contrário: "Se o seu inimigo tiver fome, dê-lhe de comer; se tiver sede, dê-lhe de beber. Fazendo isso, você amontoará brasas vivas sobre a cabeça dele". Não se deixem vencer pelo mal, mas vençam o mal com o bem.
> **Romanos 12:17-21**

> [...] mas uma coisa faço: esquecendo-me das coisas que ficaram para trás e avançando para as que estão adiante, prossigo para o alvo, a fim de ganhar o prêmio do chamado celestial de Deus em Cristo Jesus.
> **Filipenses 3:13-14**

> Portanto, se alguém está em Cristo, é nova criação. As coisas antigas já passaram; eis que surgiram coisas novas!
> **2Coríntios 5:17**

Outros textos interessantes:
Salmo 6
Salmo 51 (50)
Salmo 55 (54)
Caso encerrado (disponível no QR Code abaixo)

29. LIDANDO COM A INVEJA

Existem leis bíblicas segundo as quais não se deve cobiçar, mas não existe uma que diga diretamente que não tenhamos inveja. A inveja é pior do que a cobiça, uma vez que é marcada por insatisfação e até ódio pelo sucesso alheio. O invejoso não olha para o que é seu, não considera os próprios sucessos, não se satisfaz com as coisas que tem e não valoriza nenhuma de suas virtudes. Do mesmo modo que o orgulho e a vaidade, a inveja está em nós, mas podemos abandoná-la. Ninguém nasce vaidoso, ninguém nasce orgulhoso e ninguém nasce invejoso. Essas atitudes são aprendidas com o tempo e a convivência.

Quando somos reconhecidos por nossas virtudes, há um efeito colateral. Passamos a ser alvo dos maus e dos invejosos, que tentarão desconstruir nossa autoconfiança e o legado pelo qual lutamos. O golpe é ainda mais forte quando somos alvejados por pessoas que consideramos amigas. Algumas tentarão tirar vantagem de sua amizade, mas poucas permanecerão ao seu lado quando mais precisar. Se seus amigos se afastaram, se não lhe estenderam a mão, lembre-se de que é nos momentos de angústia que descobrimos com quem podemos contar de verdade. Um amigo verdadeiro é aquele que nos aceita e ajuda e nos faz melhorar, mesmo que isso signifique nos contrariar, afinal "Quem fere por amor mostra lealdade, mas o inimigo multiplica beijos" (Provérbios 27:6).

Quando a pessoa invejosa olha para os outros com esse sentimento, ela se afasta de si mesma para observar outra pessoa. A inveja, então, também se caracteriza pelo desprezo de si, pelo autoabandono, pelo modo radical como são ignorados os valores que estão na própria pessoa, para se concentrar em aspectos de outrem, segundo uma perspectiva que só ela tem. Em vez de trabalhar na valorização de si, na identificação dos atributos positivos que possui, o indivíduo trabalha e identifica-se com valores e atributos do outro, desejando-os intensamente.

No livro de Mateus, há uma parábola sobre um generoso proprietário de uma vinha que resolveu pagar a mesma quantia para os trabalhadores que tinham se empenhado mais e para os que tinham se esforçado menos. Quem trabalhou mais reclamou, embora tenha recebido exatamente o valor acertado. A grande questão foi o incômodo por outros terem trabalhado menos e recebido a mesma quantia. Repare no que o proprietário diz ao final da parábola: "Não tenho o direito de fazer o que quero com o meu dinheiro? Ou você está com inveja porque sou generoso?" (Mateus 20:15). Falta amor-próprio a quem sente inveja. Falta autoestima a quem sente inveja. Para curar-se da inveja, é preciso olhar para dentro de si e saber que Deus tem morada em seu espírito.

Nunca espere dos outros a mesma deferência que tem para com eles. É importante lembrar que mesmo Jesus foi desprezado e traído por aqueles a quem ajudou e considerava seus amigos.

Isso, no entanto, não o impediu de cumprir sua missão e estender a todos nós seu perdão. É assim que temos de proceder.

Em minhas palestras, costumo dizer que, quando me deparo com algo que cobiço, quando me percebo caindo na natureza humana e correndo o risco de invejar, oro pedindo por forças e abençoo a pessoa ou o objeto que é alvo de minha inveja; peço a Deus que me dê forças para trabalhar e conquistar tanto quanto a pessoa que estou abençoando e que ela continue se beneficiando das graças concedidas. Como dizem os sábios do Havaí, "abençoe tudo o que você deseja".

> Tomem cuidado. Se o seu irmão pecar, repreenda-o e, se ele se arrepender, perdoe-lhe. Se pecar contra você sete vezes no dia, e sete vezes voltar a você e disser: "Estou arrependido", perdoe-lhe.
> **Lucas 17:3-4**

> Abençoem aqueles que os perseguem; abençoem, e não os amaldiçoem. Alegrem-se com os que se alegram; chorem com os que choram. Tenham uma mesma atitude uns para com os outros. Não sejam orgulhosos, mas estejam dispostos a associar-se a pessoas de posição inferior. Não sejam sábios aos seus próprios olhos. Não retribuam a ninguém mal por mal. Procurem fazer o que é correto aos olhos de todos. [...] Amados, nunca procurem vingar-se, mas deixem com Deus a ira, pois está escrito: "Minha é a vingança; eu retribuirei", diz o Senhor.
> **Romanos 12:14-17,19**

> Pelo contrário: "Se o seu inimigo tiver fome, dê-lhe de comer; se tiver sede, dê-lhe de beber. Fazendo isso, você amontoará brasas vivas sobre a cabeça dele". Não se deixem vencer pelo mal, mas vençam o mal com o bem.
> **Romanos 12:20-21**

Na minha primeira defesa, ninguém apareceu para me apoiar; todos me abandonaram. Que isso não lhes seja cobrado. Mas o Senhor permaneceu ao meu lado e me deu forças, para que por mim a mensagem fosse plenamente proclamada, e todos os gentios a ouvissem. E eu fui libertado da boca do leão. O Senhor me livrará de toda obra maligna e me levará a salvo para o seu Reino celestial. A ele seja a glória para todo o sempre. Amém.
2Timóteo 4:16-18

Quem é como o Senhor, o nosso Deus, que reina em seu trono nas alturas, mas se inclina para contemplar o que acontece nos céus e na terra? Ele levanta do pó o necessitado e ergue do lixo o pobre, para fazê-los sentar-se com príncipes, com os príncipes do seu povo. Dá um lar à estéril, e dela faz uma feliz mãe de filhos. Aleluia!
Salmos 113:5-9 (112:5-9)

O amigo ama em todos os momentos; é um irmão na adversidade.
Provérbios 17:17

Aquele homem se voltou contra os seus aliados, violando o seu acordo. Macia como manteiga é a sua fala, mas a guerra está no seu coração; suas palavras são mais suaves que o óleo, mas são afiadas como punhais.
Salmos 55:20-21 (54:21-22)

Sejam misericordiosos, assim como o Pai de vocês é misericordioso.
Lucas 6:36

Pois Deus que disse: "Das trevas resplandeça a luz", ele mesmo brilhou em nossos corações, para iluminação do conhecimento da gló-

ria de Deus na face de Cristo. Mas temos esse tesouro em vasos de barro, para mostrar que este poder que a tudo excede provém de Deus, e não de nós.
2Coríntios 4:6-7

Outros textos interessantes:
Salmo 24 (23)
Salmo 38 (37)
Salmo 41 (40)
Salmo 103 (102)
Salmo 126 (125)

30. FALTA HONESTIDADE OU HIPOCRISIA/MENTIRA

Uma das mais importantes dimensões da integridade é, justamente, a honestidade. Ser honesto envolve muito mais do que nossa postura; envolve as atitudes e os comportamentos que temos quando confrontamos uma sociedade em que a corrupção é endêmica. Falamos aqui de corrupção no sentido lato, não apenas dos grandes desvios de dinheiro e falcatruas políticas – que parecem estar muito distantes –, mas de corrupções do cotidiano, como não devolver o troco recebido a mais, utilizar as horas de trabalho para solucionar problemas pessoais, furar fila, consumir produtos piratas etc.

Lidar com a corrupção, a hipocrisia e a mentira é um desafio para a maior parte das pessoas. Em muitos casos, é preciso encontrar forças. Cumprir sua palavra e falar a verdade são pressupostos da honestidade e repercutem na sua credibilidade.

Muitas pessoas procuram se livrar de um erro, problema ou situação desconfortável com mentiras e falsidades, mas acabam pondo em risco sua reputação. A Bíblia trata dos efeitos nocivos desse comportamento ao dizer que: "Saborosa é a comida que se obtém com mentiras, mas depois dá areia na boca" (Provérbios 20:17).

Observamos no Brasil, especialmente, uma inversão de valores muito grande, país onde pessoas honestas são consideradas "otárias". Mas, apesar de a cultura da facilidade, a hipocrisia e a corrupção parecerem enraizadas em nossa sociedade, as pessoas que têm fé, que agem com integridade, as humildes, aquelas que têm sede de justiça, delas será o Reino de Deus, conforme descrito no Sermão do Monte (Mateus 5-7).

A psicologia desenvolveu, ao longo dos anos, uma série de teorias a fim de postular o comportamento humano. Seus expoentes mais frequentes são Pavlov (behaviorismo), Piaget (com sua teoria do conhecimento), Vygotsky (teoria sócio-histórica) e Erickson (postulando a teoria das oito idades). Cada um deles descreve particularidades do homem moderno. Muitas dessas teorias preconizam que o ambiente e o contexto social influenciam as atitudes humanas, mesmo que não sejam necessariamente da "natureza" do indivíduo. Acreditamos que esta seja uma visão limitadora, pois não conta com o potencial transformador do homem, que a todo instante supera a si mesmo.

Acredito que o homem sempre tem escolhas e que a honestidade continua sendo uma virtude poderosa. Igualmente, creio que as pessoas podem mudar de comportamento. Paulo fala sobre isso quando descreve o comportamento daqueles que escolheram uma vida de discipulado: "O que furtava não furte mais; antes trabalhe, fazendo algo de útil com as mãos, para que tenha o que repartir com quem estiver em necessidade" (Efésios 4:28).

Nesse sentido, existem algumas questões que nos ajudam a verificar se estamos trilhando um caminho de honestidade ou se precisamos reaprumar nossas condutas: o que você está fazendo fere as leis do país? O que você está fazendo pode ser divulgado sem que isso lhe cause vergonha? Alguém está sendo prejudicado por seus atos? E as mais importantes: você faria isso com alguém que ama? Gostaria que fizessem o mesmo a você? É interessante verificar que esses questionamentos servem para dois fins: identificar se a sua postura é desonesta ou se outrem está sendo desonesto com você.

Jesus disse que haveria traições, mas que deveríamos tomar cuidado e não nos deixarmos envenenar: "Eu os estou enviando como ovelhas entre lobos. Portanto, sejam prudentes como as serpentes e simples como as pombas. Tenham cuidado, pois os homens os entregarão aos tribunais e os açoitarão nas sinagogas deles" (Mateus 10:16-17).

Preconizar honestidade começa com assumir a responsabilidade por seus atos e escolhas. Há pessoas que diminuem as consequências de suas atitudes se escondendo na promessa de mudança caso as circunstâncias mudem, mas se esquecem de que, quando não temos condições de alçar voos altos, sequer somos autorizados a decolar. Grandes líderes e empresários, por exemplo, não darão oportunidades a pessoas desanimadas, sem perspectiva e desonestas. Afinal, o tripé indispensável a um líder (funcionário) é: energia, inteligência e integridade.

> Quem é fiel no pouco, também é fiel no muito, e quem é desonesto no pouco, também é desonesto no muito. Assim, se vocês não forem dignos de confiança em lidar com as riquezas deste mundo ímpio, quem lhes confiará as verdadeiras riquezas? E se vocês não forem dignos de confiança em relação ao que é dos outros, quem lhes dará o que é de vocês?
> Lucas 16:10-12

Jesus disse aos seus discípulos: "É inevitável que aconteçam coisas que levem o povo a tropeçar, mas ai da pessoa por meio de quem elas acontecem. Seria melhor que ela fosse lançada no mar com uma pedra de moinho amarrada no pescoço do que levar um desses pequeninos a pecar. Tomem cuidado. Se o seu irmão pecar, repreenda-o e, se ele se arrepender, perdoe-lhe. Se pecar contra você sete vezes no dia, e sete vezes voltar a você e disser: 'Estou arrependido', perdoe-lhe". Os apóstolos disseram ao Senhor: "Aumenta a nossa fé!". Ele respondeu: "Se vocês tiverem fé do tamanho de uma semente de mostarda, poderão dizer a esta amoreira: 'Arranque-se e plante-se no mar', e ela lhes obedecerá. Qual de vocês que, tendo um servo que esteja arando ou cuidando das ovelhas, lhe dirá, quando ele chegar do campo: 'Venha agora e sente-se para comer'? Pelo contrário, não dirá: 'Prepare o meu jantar, apronte-se e sirva-me enquanto como e bebo; depois disso você pode comer e beber'? Será que ele agradecerá ao servo por ter feito o que lhe foi ordenado?".
Lucas 17:1-9

Assim, os espiões lhe perguntaram: "Mestre, sabemos que falas e ensinas o que é correto, e que não mostras parcialidade, mas ensinas o caminho de Deus conforme a verdade. É certo pagar imposto a César ou não?". Ele percebeu a astúcia deles e lhes disse: "Mostrem-me um denário. De quem é a imagem e a inscrição que há nele?". "De César", responderam eles. Ele lhes disse: "Portanto, deem a César o que é de César, e a Deus o que é de Deus".
Lucas 20:21-25

De que adianta, meus irmãos, alguém dizer que tem fé, se não tem obras? Acaso a fé pode salvá-lo? Se um irmão ou irmã estiver necessitando de roupas e do alimento de cada dia e um de vocês lhe disser:

"Vá em paz, aqueça-se e alimente-se até satisfazer-se", sem porém lhe dar nada, de que adianta isso? Assim também a fé, por si só, se não for acompanhada de obras, está morta. Mas alguém dirá: "Você tem fé; eu tenho obras". Mostre-me a sua fé sem obras, e eu lhe mostrarei a minha fé pelas obras.
Tiago 2:14-18

Saiba disto: nos últimos dias sobrevirão tempos terríveis. Os homens serão egoístas, avarentos, presunçosos, arrogantes, blasfemos, desobedientes aos pais, ingratos, ímpios, sem amor pela família, irreconciliáveis, caluniadores, sem domínio próprio, cruéis, inimigos do bem, traidores, precipitados, soberbos, mais amantes dos prazeres do que amigos de Deus, tendo aparência de piedade, mas negando o seu poder. Afaste-se também destes.
2Timóteo 3:1-5

Outros textos interessantes:
Salmo 15 (14)
Salmo 24 (23)
Salmo 55 (54)
Salmo 69 (68)
Salmo 112 (111)
Salmo 128 (127)
Lucas 17:1-9
Sermão do Monte (disponível no QR Code abaixo)

31. LIDANDO COM A MORTE

Martin Luther King Jr. pregou, em setembro de 1963, a respeito da morte de quatro meninas assassinadas em um ataque da Ku Klux Klan a uma igreja em Birmingham. Transcrevemos a seguir um trecho desse sermão:[12] "[...] E assim venho, nesta tarde, para dizer a todos aqui reunidos que, apesar da escuridão desta hora, não devemos nos desesperar. Não devemos endurecer [...]. Não, não devemos perder a fé [...].

Permitam-se agora dirigir uma palavra às famílias de luto. É praticamente impossível dizer algo que possa consolá-los nesta hora tão difícil e que possa dissipar as profundas nuvens de desilusão que encobrem os céus de suas mentes. Mas espero que vocês possam encontrar um pouco de conforto na universalidade desta experiência. A morte vem para todos os indivíduos. A morte é espantosamente democrática. Não serve aristocraticamente a poucos, mas democraticamente a todos. Morrem os reis e morrem os mendigos; morrem os ricos e os pobres; morrem os velhos e os jovens. A morte vem para o inocente e para o culpado. A morte é o irredutível denominador comum de todos os homens.

Espero que vocês possam encontrar algum conforto na afirmação cristã de que a morte não é um fim. A morte não é o ponto-final da grandiosa sentença da vida, mas uma vírgula que a pontua diante de um significado mais sublime. A morte não é um beco sem saída que leva a humanidade a um estado de total anulação, mas uma porta aberta para a vida eterna. Permitam

---

12 KING JR., Martin Luther. *Um apelo à consciência*: os melhores discursos de Martin Luther King. Clayborne Carson e Kris Shepard (Orgs.). Rio de Janeiro: Jorge Zahar Ed., 2006.

que essa fé audaciosa, que essa invencível suposição, lhes fortaleça nesses dias de provação.

Agora, para concluir, eu lhes digo: a vida é dura, às vezes tão dura quanto aço temperado. Há momentos difíceis e desesperadores. Como as águas dos rios, a vida tem períodos de seca e de inundação. Como o contínuo ciclo das estações, a vida tem o suave calor dos verões e o frio cortante dos invernos (sim). E, se nos mantivermos firmes, descobriremos que Deus está do nosso lado e que Deus pode nos levar da fadiga do desespero ao alívio da esperança e transformar os vales sombrios e desolados nas iluminadas veredas da paz interior".

Esteja você enfrentando a morte de um ente querido, de alguém próximo ou com medo da morte, por ser invadido pela compreensão da finitude da vida, é importante que tenha em mente a transformação que ela representa.

31.1. Morte de familiares e amigos

Só fui perceber que estava perdendo minha mãe quando era tarde demais. Só descobri o valor que tem uma mãe vendo a minha, no CTI, vomitando sangue. Quando ela finalmente partiu, eu quis sair às ruas para dizer àqueles que são filhos: compreendam, corram, visitem, abracem suas mães; ouçam sua voz enquanto elas estiverem sussurrando palavras de carinho. Conversem com elas enquanto estão ao seu lado. Tudo o que elas nos dão, por um preço bem barato, não pode ser pago com poucos sorrisos nem com raras visitas.

Não haverá no mundo abraços que bastem para quitar as noites de insônia, nem as vezes em que elas nos esperam acordadas, preocupadas, só porque não avisamos a hora de chegar. Nada paga, na contabilidade do dever de filho, as contas que a mãe saldou, os parcelamentos que fez, as vezes em que foi ao colégio, os tombos que levou, os sacrifícios, a solidão, as renúncias e as brigas com o marido, tudo pelos filhos.

> Você saberá que a sua tenda é segura; contará os seus bens da tua morada e de nada achará falta. Você saberá que os seus filhos serão muitos, e que os seus descendentes serão como a relva da terra. Você irá para a sepultura em pleno vigor, como um feixe recolhido no devido tempo. Foi isso que verificamos ser verdade. Portanto, ouça e aplique isso à sua vida.
> **Jó 5:24-27**

> Disse-lhe Jesus: "Eu sou a ressurreição e a vida. Aquele que crê em mim, ainda que morra, viverá; e quem vive e crê em mim, não morrerá eternamente. Você crê nisso?".
> **João 11:25-26**

> Pois estou convencido de que nem morte nem vida, nem anjos nem demônios, nem o presente nem o futuro, nem quaisquer poderes, nem altura nem profundidade, nem qualquer outra coisa na criação será capaz de nos separar do amor de Deus que está em Cristo Jesus, nosso Senhor.
> **Romanos 8:38-39**

31.2 Medo da morte

A morte é tão ruim para nós porque não estava no plano original de Deus. Não fomos feitos para a morte, mas para a vida eterna. A única forma que tenho de lidar com a realidade da morte é saber que podemos vencê-la através da fé em Jesus Cristo. O sacrifício dele torna possível nos reunirmos novamente na vida após a morte. Temos um encontro marcado. E, se você tem medo da morte, tudo que posso fazer é recomendar que aceite Jesus.

Por outro lado, acho que o medo da morte pode nos ajudar a lembrar do medo da vida. Da vida pequena, ou medíocre, ou inútil. Ser cotejado pela perspectiva da finitude muitas vezes é capaz de tornar o julgamento dos nossos valores algo muito mais real e prático. Afinal, não é preciso ser acometido por uma doença incurável para morrer, a única exigência para morrer é estar vivo. A perspectiva da morte acelera a nossa responsabilidade diante da vida, que é nosso maior patrimônio.

Enquanto estamos vivos, há esperança e oportunidade de mudança. Enquanto estamos vivos, temos a chance de progredir. Agarre essa chance e transforme seu medo em motivação para fazer todos os dias valerem a pena. Para o cristão, a recompensa por ter vivido uma vida plena e reta é ainda maior, afinal, como descrito em Filipenses 1:21: "Porque para mim o viver é Cristo e o morrer é lucro".

> Asseguro-lhes que, se alguém guardar a minha palavra, jamais verá a morte. Diante disso, os judeus exclamaram: "Agora sabemos que você está endemoninhado! Abraão morreu, bem como os profetas, mas você diz que, se alguém guardar a sua palavra, nunca experimentará a morte".
> **João 8:51-52**

> Irmãos, não queremos que vocês sejam ignorantes quanto aos que dormem, para que não se entristeçam como os outros que não têm esperança. Se cremos que Jesus morreu e ressurgiu, cremos também que Deus trará, mediante Jesus e juntamente com ele, aqueles que nele dormiram. Dizemos a vocês, pela palavra do Senhor, que nós, os que estivermos vivos, os que ficarmos até a vinda do Senhor, certamente não precederemos os que dormem. Pois, dada a ordem, com a voz do arcanjo e o ressoar da trombeta de Deus, o próprio Senhor

descerá do céu, e os mortos em Cristo ressuscitarão primeiro. Depois disso, os que estivermos vivos seremos arrebatados juntamente com eles nas nuvens, para o encontro com o Senhor nos ares. E assim estaremos com o Senhor para sempre. Consolem-se uns aos outros com estas palavras.
1Tessalonicenses 4:13-18

O nosso Deus é um Deus que salva; ele é o Soberano Senhor que nos livra da morte.
Salmos 68:20 (67:21)

"Não se perturbe o coração de vocês. Creiam em Deus; creiam também em mim. Na casa de meu Pai há muitos aposentos; se não fosse assim, eu lhes teria dito. Vou preparar-lhes lugar. E se eu for e lhes preparar lugar, voltarei e os levarei para mim, para que vocês estejam onde eu estiver. Vocês conhecem o caminho para onde vou." Disse-lhe Tomé: "Senhor, não sabemos para onde vais; como então podemos saber o caminho?". Respondeu Jesus: "Eu sou o caminho, a verdade e a vida. Ninguém vem ao Pai, a não ser por mim. Se vocês realmente me conhecessem, conheceriam também o meu Pai. Já agora vocês o conhecem e o têm visto". Disse Filipe: "Senhor, mostra-nos o Pai, e isso nos basta". Jesus respondeu: "Você não me conhece, Filipe, mesmo depois de eu ter estado com vocês durante tanto tempo? Quem me vê, vê o Pai. Como você pode dizer: 'Mostra-nos o Pai'? Você não crê que eu estou no Pai e que o Pai está em mim? As palavras que eu lhes digo não são apenas minhas. Pelo contrário, o Pai, que vive em mim, está realizando a sua obra. Creiam em mim quando digo que estou no Pai e que o Pai está em mim; ou pelo menos creiam por causa das mesmas obras. Digo-lhes a verdade: Aquele que crê em mim fará também as obras que tenho realizado. Fará coisas ainda maiores do que estas, porque eu estou indo para o Pai. E eu farei o que vocês

pedirem em meu nome, para que o Pai seja glorificado no Filho. O que vocês pedirem em meu nome, eu farei. Se vocês me amam, obedecerão aos meus mandamentos. E eu pedirei ao Pai, e ele lhes dará outro Conselheiro para estar com vocês para sempre, o Espírito da verdade. O mundo não pode recebê-lo, porque não o vê nem o conhece. Mas vocês o conhecem, pois ele vive com vocês e estará em vocês. Não os deixarei órfãos; voltarei para vocês. Dentro de pouco tempo o mundo já não me verá mais; vocês, porém, me verão. Porque eu vivo, vocês também viverão. Naquele dia compreenderão que estou em meu Pai, vocês em mim, e eu em vocês. Quem tem os meus mandamentos e lhes obedece, esse é o que me ama. Aquele que me ama será amado por meu Pai, e eu também o amarei e me revelarei a ele".
João 14:1-21

Outros textos interessantes:
Salmo 23 (22)
Salmo 42 (41)
Salmo 46 (45)

32. LIDANDO COM O TEMPO OU ADMINISTRANDO TEMPO

Muito antes de Albert Einstein e da Teoria da Relatividade, já conhecíamos a característica relativa do tempo. Quem nunca sentiu na pele o quanto demora a se concretizar algo que almeja muito ou quão fugaz não foi um evento em que se estava cercado de pessoas queridas?

Quer ser uma pessoa de sucesso? Aprenda a lidar com o tempo e a administrá-lo. Vale a pena mencionar um excelente texto de Raduan Nassar (*Lavoura arcaica*, Cia. das Letras): "O tempo é o maior tesouro de que um homem pode dispor. Embora inconsumível, o tempo é o nosso melhor alimento. Sem medida que o conheça, o tempo é, contudo, nosso bem de maior grandeza. Não tem começo nem fim. Onipresente, o tempo está em tudo. Existe tempo, por exemplo, nesta mesa antiga, nestas paredes antigas. Existiu primeiro uma terra propícia, existiu depois uma árvore secular feita de anos sossegados. E existiu, finalmente, uma prancha nodosa e dura, trabalhada pelas mãos de um artesão dia após dia. Existe tempo nas cadeiras onde nós sentamos, nos móveis da família, nas paredes, na água que bebemos, na terra que fecunda, na semente que germina, nos frutos que colhemos, no pão em cima da mesa. Rico não é o homem que coleciona e se pesa num amontoado de moedas e nem aquele devasso que estende mãos e braços em terras largas. Rico só é o homem que aprendeu, piedoso e humilde, a conviver com o tempo, aproximando-se dele com ternura, não contrariando suas disposições, não se rebelando contra seu curso, não irritando sua corrente, estando atento para seu fluxo, brindando antes com sabedoria para receber dele os favores e não a sua ira. O equilíbrio da vida depende essencialmente deste bem supremo. E quem souber com acerto a quantidade de vagar e ou a de espera que se deve pôr nas coisas não corre nunca o risco, ao buscar por elas, de defrontar-se contra aquilo que não é".

Já foi dito que o tempo é senhor da razão, mas nem sempre lidar com essa dimensão é uma tarefa fácil. Na era em que vivemos, falta-nos tempo para lidar com todas as atividades que desempenhamos. O que é importante compreender é que, para aproveitar melhor o tempo, é necessário gostarmos do que estamos fazendo e assumirmos responsabilidades. E não há maneira melhor de encarar as inúmeras atividades e compromissos se não com disciplina. Se você não disciplinar o seu tempo, racionalizando a duração de suas atividades, estabelecendo prioridades e preferências, terá cada vez menos tempo para desenvolver as suas atividades e, provavelmente, ficará frustrado. Na conta do tempo não pode deixar de haver espaço para cuidar de si, para sua família e amigos; tempo para o lazer, para a atividade física e para exercitar a sua fé. Pode parecer que é muita coisa, mas são elas que darão a você sentido de existência e energia emocional para o trabalho e o cotidiano.

Sugiro que adquira um livro ou faça um curso sobre administração do tempo e comece a praticar!

> Sejam sábios no procedimento para com os de fora; aproveitem ao máximo todas as oportunidades.
> **Colossenses 4:5**

> Tenham cuidado com a maneira como vocês vivem; que não seja como insensatos, mas como sábios, aproveitando ao máximo cada oportunidade, porque os dias são maus.
> **Efésios 5:15-16**

> Para tudo há uma ocasião, e um tempo para cada propósito debaixo do céu: tempo de nascer e tempo de morrer, tempo de plantar e tempo de arrancar o que se plantou, tempo de matar e tempo de curar, tempo de derrubar e tempo de construir, tempo de chorar e tempo de rir, tempo de prantear e tempo de dançar, tempo de espalhar pedras e tempo de ajuntá-las, tempo de abraçar e tempo de se conter, tempo de procurar e tempo de desistir, tempo de guardar e tempo de lançar fora, tempo de rasgar e tempo de costurar, tempo de calar e tempo de falar, tempo de amar e tempo de odiar, tempo de lutar e tempo de viver em paz. O que ganha o trabalhador com todo o seu esforço? Tenho visto o fardo que Deus

impôs aos homens. Ele fez tudo apropriado a seu tempo. Também pôs no coração do homem o anseio pela eternidade; mesmo assim este não consegue compreender inteiramente o que Deus fez. Descobri que não há nada melhor para o homem do que ser feliz e praticar o bem enquanto vive. Descobri também que poder comer, beber e ser recompensado pelo seu trabalho é um presente de Deus. Sei que tudo o que Deus faz permanecerá para sempre; a isso nada se pode acrescentar, e disso nada se pode tirar. Deus assim faz para que os homens o temam. Aquilo que é já foi, e o que será já foi anteriormente; Deus investigará o passado. Descobri também que debaixo do sol: No lugar da justiça havia impiedade, no lugar da retidão, ainda mais impiedade. Pensei comigo mesmo: O justo e o ímpio, Deus julgará a ambos, pois há um tempo para todo propósito, um tempo para tudo o que acontece. Também pensei: Deus prova os homens para que vejam que são como os animais. O destino do homem é o mesmo do animal; o mesmo destino os aguarda. Assim como morre um, também morre o outro. Todos têm o mesmo fôlego de vida; o homem não tem vantagem alguma sobre o animal. Nada faz sentido! Todos vão para o mesmo lugar; vieram todos do pó, e ao pó todos retornarão. Quem pode dizer se o fôlego do homem sobe às alturas e se o fôlego do animal desce para a terra? Por isso concluí que não há nada melhor para o homem do que desfrutar do seu trabalho, porque esta é a sua recompensa. Pois, quem poderá fazê-lo ver o que acontecerá depois de morto?
Eclesiastes 3,1-22

Outros textos interessantes:
Salmo 119 (118)
Salmo 121 (120)
Salmo 127 (126)

33. PERDIDO OU NECESSITANDO DE ORIENTAÇÃO

Espero que você tenha assistido ao filme *Náufrago*, com Tom Hanks; se não o fez, recomendo que faça (apesar do *spoiler* a seguir!). Se você está se sentindo perdido, provavelmente vai se identificar com a história de um homem que sofre um acidente aeronáutico e vai parar, sozinho, em uma ilha deserta no meio do oceano. Após anos sumido, ele é dado como morto e sua esposa casa-se de novo. Quando finalmente consegue escapar da ilha, sua antiga vida estava perdida. Sua mulher ainda o ama, e ele a ama também, mas ela agora tem uma filha pequena. Chuck Noland, o personagem vivido por Hanks, conclui que é melhor partir. O que dizer de alguém que estava totalmente perdido, se acha e então percebe que agora sua vida é que está perdida?

Nessa situação desoladora, ele começa a conversar com um amigo e conta: "Quando cheguei àquela ilha, logo depois de um tempo, eu tinha certeza de que jamais sairia de lá, que tinha perdido tudo, que nunca mais retornaria, que meu grande amor estaria perdido para sempre. Tentei me matar, pois, nos meus cálculos, eu acabaria morrendo mais cedo ou mais tarde, fosse por um ferimento ou uma doença. Resolvi ter controle de ao menos isso e dar cabo de minha vida. Escolhi uma árvore no alto de uma rocha para poder enforcar-me, porém, antes de colocar meu próprio pescoço, fiz um teste para ver se a árvore suportaria meu peso. Ela não suportou e espatifou-se lá embaixo. Daquele ponto em diante, percebi que não tinha controle nenhum sobre minha própria vida, pois nem morrer como eu gostaria era possível. Aí, resolvi que só restava uma coisa a fazer: manter-me vivo, respirar, simplesmente respirar. Um dia, depois de algum tempo, a maré me trouxe uma vela de barco e através dela eu pude sair da ilha. Então, agora que perdi minha esposa para sempre, já sei o que fazer. A vida me ensinou a continuar respirando, manter-me vivo, pois nunca sabemos o que a maré vai trazer amanhã".

Se eu me sentisse perdido, tomaria três decisões: primeiro, ficaria respirando para ver o que a maré iria trazer; segundo, procuraria pensar que "velas emocionais" eu poderia usar para fazer o barco da minha vida sair do lugar onde me sinto perdido; por último, procuraria ajuda. Se alguém está perdido numa cidade que não conhece, um GPS pode fazer milagres. Nas questões da vida, não faltam recursos para você se encontrar na jornada (leitura, filmes, aconselhamento, *coaching*, terapia etc.).

Ao inspirar a Bíblia, Deus consolidou todas as orientações que julgou essenciais a uma vivência plena e repleta. A cada verso do livro, somos surpreendidos com mais uma revelação, mais um conselho, mais um direcionamento. O Senhor, em Sua bondade infinita e amor incondicional, nos mostra o caminho do sucesso, qualquer que seja a área pretendida. Ele também nos propõe um código de conduta, uma lista de desafios, que são os Dez Mandamentos, pelos quais devemos nos orientar.

Como se não bastasse, através do Espírito Santo Ele se coloca à disposição para nos ouvir, consolar e orientar sempre que necessitarmos. Não precisamos ficar preocupados. Paulo afirma: "Não andem ansiosos por coisa alguma, mas em tudo, pela oração e súplicas, e com ação de graças, apresentem seus pedidos a Deus" (Filipenses 4:6).

> Meu filho, se você aceitar as minhas palavras e guardar no coração os meus mandamentos; se der ouvidos à sabedoria e inclinar o coração para o discernimento; se clamar por entendimento e por discernimento gritar bem alto, se procurar a sabedoria como se procura a prata e buscá-la como quem busca um tesouro escondido, então você entenderá o que é temer ao Senhor e achará o conhecimento

de Deus. Pois o Senhor é quem dá sabedoria; de sua boca procedem o conhecimento e o discernimento.
Provérbios 2:1-6

Aquele que anda com os sábios será cada vez mais sábio, mas o companheiro dos tolos acabará mal.
Provérbios 13:20

Disse então ao homem: "No temor do Senhor está a sabedoria, e evitar o mal é ter entendimento".
Jó 28:28

Se algum de vocês tem falta de sabedoria, peça-a a Deus, que a todos dá livremente, de boa vontade; e lhe será concedida.
Tiago 1:5

Os conselhos são importantes para quem quiser fazer planos, e quem sai à guerra precisa de orientação.
Provérbios 20:18

Quem cava um poço cairá nele; quem derruba um muro será picado por uma cobra. Quem arranca pedras com elas se ferirá; quem racha lenha se arrisca. Se o machado está cego e sua lâmina não foi afiada, é preciso golpear com mais força; agir com sabedoria assegura o sucesso. Se a cobra morder antes de ser encantada, para que servirá o encantador? As palavras do sábio lhe trazem benefícios, mas os lábios do insensato o destroem.
Eclesiastes 10:8-12

Pois o Filho do homem veio buscar e salvar o que estava perdido.
Lucas 19:10

Outros textos interessantes:
Salmo 1
Salmo 23 (22)
Salmo 86 (85)
Salmo 119 (118)
Salmo 128 (127)
Salmo 139 (138)

34. NECESSITANDO DE PAZ

Há uma história que circula na internet e que desejo contar para você. Ela está em vários sites e, na maior parte das vezes, é contada assim: "Certa vez, houve um concurso de pintura e o primeiro lugar seria dado à obra que melhor representasse a paz. Ficaram, dentre muitos, três finalistas, igualmente empatados. O primeiro retratou uma imensa pastagem, com lindas flores e borboletas que bailavam no ar, acariciadas por uma brisa suave. O segundo mostrou pássaros a voar sob nuvens brancas como a neve, em meio ao azul anil do céu. O terceiro pintou um grande rochedo sendo açoitado pelas violentas ondas do mar, em meio a uma tempestade estrondosa e cheia de relâmpagos.

Para surpresa e espanto dos finalistas, o escolhido foi o terceiro quadro, o que retratava a violência das ondas contra o rochedo. Indignados, os dois pintores que não foram escolhidos questionaram o juiz que deu o voto de desempate: 'Como este quadro tão violento pode representar a paz, senhor juiz?'.

O juiz, com uma serenidade muito grande no olhar, disse: 'Vocês repararam que, em meio à violência das ondas e à tempestade, há, numa das fendas do rochedo, um passarinho com seus filhotes dormindo tranquilamente?'.

E os pintores, sem entender, responderam: 'Sim, mas...' e antes que eles concluíssem a frase, o juiz ponderou: 'Caros amigos, a verdadeira paz é aquela que, mesmo nos momentos mais difíceis, nos permite repousar tranquilos'".

Essa foi a paz que fez Jesus dormir num barco mesmo durante uma enorme tempestade, tão grande que afligia experientes pescadores. Ele podia dormir tranquilo.

Quem mora em grandes centros urbanos sabe como é viver em uma sociedade que necessita de paz. Seja no trânsito ou nas ruas, a paz se tornou artigo de luxo que nem sempre o dinheiro pode comprar. Aprendemos e vivenciamos a história pelas guerras que travamos. Mas e a paz, quem conta sua história?

Quando estudamos os acontecimentos periféricos aos Evangelhos, nos campos político, social e econômico, além do religioso, notamos que havia grande tensão entre a liderança romana, de um lado, e a população camponesa judia, do outro. Movimentos sociais se levantavam contra a dominação estrangeira do Império. Havia fome e banditismo nas zonas urbanas e rurais. O Messias era mais do que esperado.

O mundo sempre sofreu com a falta de paz. Já naqueles tempos, o clima era tenso, e a história seguiu o seu curso arrastando consigo conflitos, guerras, massacres, genocídios e tantas outras barbáries. É possível ter esperanças de paz em um cenário como esse? Jesus garantiu que sim e que sua paz não vê barreiras. Tensões sociais e problemas pessoais, nós sempre teremos, mas, a despeito de cada uma dessas ocorrências, o Príncipe da Paz segue insistindo: "A minha paz lhes dou. Não a dou como o mundo a dá".

> Não se perturbe o coração de vocês. Creiam em Deus; creiam também em mim. Na casa de meu Pai há muitos aposentos; se não fosse

assim, eu lhes teria dito. Vou preparar-lhes lugar. E se eu for e lhes preparar lugar, voltarei e os levarei para mim, para que vocês estejam onde eu estiver. Vocês conhecem o caminho para onde vou.
João 14:1-4

Deixo-lhes a paz; a minha paz lhes dou. Não a dou como o mundo a dá. Não se perturbem os seus corações, nem tenham medo.
João 14:27

Eu lhes disse essas coisas para que em mim vocês tenham paz. Neste mundo vocês terão aflições; contudo, tenham ânimo! Eu venci o mundo.
João 16:33

Não andem ansiosos por coisa alguma, mas em tudo, pela oração e súplicas, e com ação de graças, apresentem seus pedidos a Deus. E a paz de Deus, que excede todo o entendimento, guardará os seus corações e as suas mentes em Cristo Jesus.
Filipenses 4:6-7

Mas agora, em Cristo Jesus, vocês, que antes estavam longe, foram aproximados mediante o sangue de Cristo. Pois ele é a nossa paz, o qual de ambos fez um e destruiu a barreira, o muro de inimizade, anulando em seu corpo a lei dos mandamentos expressa em ordenanças. O objetivo dele era criar em si mesmo, dos dois, um novo homem, fazendo a paz, e reconciliar com Deus os dois em um corpo, por meio da cruz, pela qual ele destruiu a inimizade. Ele veio e anunciou paz a vocês que estavam longe e paz aos que estavam perto, pois por meio dele tanto nós como vocês temos acesso ao Pai, por um só Espírito. Portanto, vocês já não são estrangeiros

nem forasteiros, mas concidadãos dos santos e membros da família de Deus [...].
Efésios 2:13-19

Que a paz de Cristo seja o juiz em seus corações, visto que vocês foram chamados a viver em paz, como membros de um só corpo. E sejam agradecidos.
Colossenses 3:15

O Senhor disse a Moisés: "Diga a Arão e aos seus filhos: assim vocês abençoarão os israelitas: O Senhor te abençoe e te guarde; o Senhor faça resplandecer o seu rosto sobre ti e te conceda graça; o Senhor volte para ti o seu rosto e te dê paz. Assim eles invocarão o meu nome sobre os israelitas, e eu os abençoarei".
Números 6:22-27

Os que amam a tua lei desfrutam paz, e nada há que os faça tropeçar.
Salmos 119:165 (118:165)

Outros textos interessantes:
Salmo 23 (22)
Salmo 103 (102)
Salmo 121 (120)

35. TENTADO

A tentação é retratada a todo momento na Bíblia. Desde a criação do mundo até a queda de reis, ela se faz presente na história da humanidade e é um desafio a ser superado. Para tanto, é necessário identificar a origem do pecado que está se manifestando e fazendo com que você caia em tentação.

Reveja suas atitudes, reveja seus objetivos e motivações. Em meio a tantos planos, é possível que você esteja se deixando levar por motivos escusos, por más companhias, por falsos profetas e promessas. Alguém que deseja um bom relacionamento com Deus não pode se permitir ser materialista, consumista, egoísta ou individualista. Para isso, precisa se insurgir contra o atraso, utilizando premissas que levem ao êxito, mas sem se tornar viciado nele. Citando Timóteo, é preciso tomar cuidado para não cair em tentação, em armadilhas ou desejos descontrolados e nocivos, que levam os homens a mergulhar na ruína e na destruição: "Algumas pessoas, por cobiçarem o dinheiro, desviaram-se da fé e se atormentaram a si mesmas com muitos sofrimentos. Você, porém, homem de Deus, fuja de tudo isso e busque a justiça, a piedade, a fé, o amor, a perseverança e a mansidão. Combata o bom combate da fé" (1Timóteo 6:10-12).

> Então, voltou aos seus discípulos e os encontrou dormindo. "Vocês não puderam vigiar comigo nem por uma hora?", perguntou ele a Pedro. "Vigiem e orem para que não caiam em tentação. O espírito está pronto, mas a carne é fraca."
> **Mateus 26:40-41**

> Assim, aquele que julga estar firme, cuide-se para que não caia! Não sobreveio a vocês tentação que não fosse comum aos homens. E Deus é fiel; ele não permitirá que vocês sejam tentados além do que podem suportar. Mas, quando forem tentados, ele lhes providenciará um escape, para que o possam suportar. Por isso, meus amados irmãos, fujam da idolatria.
> **1Coríntios 10:12-14**

Finalmente, irmãos, tudo o que for verdadeiro, tudo o que for nobre, tudo o que for correto, tudo o que for puro, tudo o que for amável, tudo o que for de boa fama, se houver algo de excelente ou digno de louvor, pensem nessas coisas.
Filipenses 4:8

Portanto, submetam-se a Deus. Resistam ao diabo, e ele fugirá de vocês.
Tiago 4:7

Muitos seguirão os caminhos vergonhosos desses homens e, por causa deles, será difamado o caminho da verdade. Em sua cobiça, tais mestres os explorarão com histórias que inventaram. Há muito tempo a sua condenação paira sobre eles, e a sua destruição não tarda. Pois Deus não poupou os anjos que pecaram, mas os lançou no inferno, prendendo-os em abismos tenebrosos a fim de serem reservados para o juízo. Ele não poupou o mundo antigo quando trouxe o dilúvio sobre aquele povo ímpio, mas preservou Noé, pregador da justiça, e mais sete pessoas. Também condenou as cidades de Sodoma e Gomorra, reduzindo-as a cinzas, tornando-as exemplo do que acontecerá aos ímpios; mas livrou Ló, homem justo, que se afligia com o procedimento libertino dos que não tinham princípios morais (pois, vivendo entre eles, todos os dias aquele justo se atormentava em sua alma justa por causa das maldades que via e ouvia). Vemos, portanto, que o Senhor sabe livrar os piedosos da provação e manter em castigo os ímpios para o dia do juízo.
2Pedro 2:2-9

Portanto, amados, sabendo disso, guardem-se para que não sejam levados pelo erro dos que não têm princípios morais, nem percam a sua firmeza e caiam.
2Pedro 3:17

Quando alguém for tentado, jamais deverá dizer: "Estou sendo tentado por Deus". Pois Deus não pode ser tentado pelo mal, e a ninguém tenta. Cada um, porém, é tentado pela própria cobiça, sendo por esta arrastado e seduzido.
Tiago 1:13-14

Outros textos interessantes:
Salmo 1
Salmo 24 (23)
Salmo 139 (138)

36. TORNANDO-SE UM LÍDER

Nos últimos anos, o mundo empresarial viu uma explosão no interesse por capacitação para a liderança. Um universo de novos produtos inundou o mercado, e o conhecimento que outrora era restrito aos MBAs e às escolas de formação de empresários popularizou-se e tornou-se acessível a todos.

Hoje somos cercados pelas ideias de empreendedorismo e liderança. E alguns dos principais materiais disponíveis sobre o tema exploram a experiência de personagens das Escrituras, como Moisés, Neemias e o próprio Cristo. O primeiro é retratado por sua capacidade de organização, que transformou cerca de três milhões de ex-escravos e fez deles uma nova nação, com nova cultura, administração multidisciplinar e leis que cobriam cada setor da vida comum – leis que formam, em certo grau, a base epistêmica do aparato jurídico ocidental. O segundo, Neemias, é retratado pela liderança demonstrada na realização de um empreendimento de peso, que evidenciou a sua capacidade de avaliar a situação, organizar uma logística eficiente na distribuição territorial e na alocação de pessoal e recursos, além de cumprir prazos apertados e antes considerados inexequíveis. Por fim, Jesus, o Mestre por excelência, o Líder maior, a referência máxima. Em uma dessas obras, *Jesus CEO*, Laurie Beth Jones demonstrava como Jesus havia usado os mesmos expedientes da ciência da administração moderna, do marketing e do gerenciamento de pessoas para formar um pequeno núcleo de seguidores que daria início a um empreendimento presente em todo o planeta e com a maior longevidade de que se tem notícia: o Cristianismo.

Mas o que é necessário, afinal, para tornar-se um líder? Uma das características esperadas no líder é sua capacidade de autocrítica e reflexão. Portanto, se você deseja ser um bom líder, comece a se perguntar: estou satisfeito com os resultados que venho obtendo? Estou em sinergia com minha equipe? Tenho ouvido o *feedback* de meus liderados, superiores e clientes? Sou disponível e acessível o bastante para minha equipe?

James Hunter afirma que para liderar é preciso estar disposto a servir, conhecer sua equipe e conhecer o seu negócio. E, como você já deve ter notado, a liderança não é um conceito restrito ao mundo dos negócios. É possível ser líder em sua igreja, em sua comunidade, em sua família, e utilizando os mesmos princípios: servir, conhecer as pessoas e conhecer o contexto/negócio.

De maneira geral, para liderar você deve ser um criador de soluções, e não de problemas; deve focar nas pessoas e deve amar o que faz.[13] Liderança se conquista com confiança, e esta é construída sobre três pilares: caráter, competência e comunicação, características debatidas, analisadas e exploradas generosamente nos textos bíblicos e que têm ajudado – conforme podemos ob-

---

13 Sobre amar o que faz, ver "Sucesso ou vida profissional", nas páginas 158 a 165.

servar, inclusive, pelas listas de livros mais vendidos – na formação dos líderes e empreendedores da nova geração.

A produtividade não é uma invenção do materialismo. O próprio Deus sabe e ensina que, sem sustentabilidade, qualquer projeto, como um todo, fracassa. Foi Ele quem primeiro disse: "Crescei e multiplicai-vos".

As bases para o pensamento de produção e crescimento que revolucionaram os Estados Unidos, por exemplo, tiveram seus alicerces lançados por cristãos, que focavam no trabalho e na honestidade crendo que, se agissem bem, seriam abençoados por estarem alinhados aos ideais e projetos do Criador. Se para alcançar a liderança o exemplo é uma das mais importantes ferramentas, a Bíblia está repleta deles. Consulte sem moderação.

> Esforce-se para saber bem como suas ovelhas estão, dê cuidadosa atenção aos seus rebanhos, pois as riquezas não duram para sempre, e nada garante que a coroa passe de uma geração a outra.
> **Provérbios 27:23-24**

Outros textos interessantes:
Salmo 23 (22)
Salmo 126 (125)

37. TRISTE

A vida tem sua cota de dor e tristeza. Em primeiro lugar, é triste ter de reconhecer isso, mas faz parte do jogo. Ninguém passa pela vida imune à dor e aos problemas. Tanto é que muitos terapeutas dizem que "a dor é inevitável, o sofrimento é opcional". Com ninguém é diferente: todos sofrem, ficam tristes, têm problemas. Tratando-se de sofrimento, estamos todos no mesmo barco. É importante nos lembrarmos disso para que não pensemos que a vida, ou Deus, está sendo injusta conosco.

Para enfrentar a tristeza, no entanto, é preciso fazer perguntas difíceis: sua tristeza é razoável? Até que ponto foi você mesmo quem criou sua tristeza? Você está preparado para abrir mão daquilo que está o deixando triste?

Há um provérbio que diz: "Macaco velho não mete a mão em cumbuca". Isso porque, antigamente, na África, uma das formas antigas de se capturar macacos era pegando um coco e fazendo um buraco em cada extremidade. O primeiro buraco, menor, era onde se amarrava uma corda fixada a uma árvore. O segundo, um pouco maior, tinha diâmetro suficiente para um macaco colocar sua pata (mão), desde que a esticasse juntando os dedos, tal como um humano faz para colocar um bracelete ou uma pulseira sem fecho. Dentro dessa singela arapuca, colocava-se algum fruto, noz etc. O macaco metia a mão na cumbuca, envolvia a noz com sua mão e, segurando-a, não conseguia mais tirar a mão de dentro do coco, pois esta assumia um diâmetro maior ao envolver o alimento. É claro que, se o macaco soltasse a noz, sua mão sairia e ele retornaria à liberdade. Mas, em geral, o macaco segurava a noz e sacrificava a vida.

Ou seja, o provérbio nos lembra que o humano não nasce predeterminado a ser feliz ou infeliz. Deus nos deu o livre-arbítrio para que escolhêssemos por nós mesmos. Mas muitos não querem fazer esse esforço. Ninguém nasce com destino escrito e determinado, e muita gente fica vivendo de suas feridas, em geral as emocionais. Sejam os traumas da infância, seja uma relação infeliz. Em vez de se curar e seguir em frente, muitos preferem periodicamente remexer numa ferida que já poderia ter cicatrizado. Para superar a tristeza, às vezes é necessário soltar as nozes que estão deixando nossas mãos presas. Experimente não sacrificar valores maiores em troca de valores menores. Se você parar de pensar nas perdas do passado, em suas dores e injustiças, e direcionar seu tempo, concentração e capacidade para evoluir, para superar a tristeza, certamente terá sucesso em seu empreendimento. Todos sabem que a vida é construída de tristezas e alegrias, que coisas boas e más, as vitórias e os reveses se misturam a todo instante. O que precisamos fazer é superar os pontos negativos e nos fiarmos nos positivos, nas alegrias, nos pontos altos; afinal, ao contrário do que Vinicius de Moraes afirmava, tristeza tem fim, e depende somente de nós buscarmos os caminhos que nos tirarão dela.

> Bem-aventurados os que choram, pois serão consolados.
> **Mateus 5:4**

> Bendito seja o Deus e Pai de nosso Senhor Jesus Cristo, Pai das misericórdias e Deus de toda consolação, que nos consola em todas as nossas tribulações, para que, com a consolação que recebemos de Deus, possamos consolar os que estão passando por tribulações.
> **2Coríntios 1:3-4**

Outros textos interessantes:
Salmo 4
Salmo 31 (30)
Salmo 103 (102)

38. SUCESSO OU VIDA PROFISSIONAL

A Bíblia é um dos melhores manuais de sucesso profissional disponíveis no mercado. Suas leis se aplicam tanto ao sucesso como à salvação e ao autoconhecimento. A Bíblia não pretende ser um livro científico nem mesmo técnico. Não é função dela apresentar definições científicas ou políticas claras. Em vez disso, ela resolve problemas da vida, e faz isso contando a história de homens e mulheres, famílias e povos e de como essas pessoas e grupos obtiveram êxito ou fracassaram a partir da perspectiva divina, como Moisés, Jacó e Labão, Davi, Daniel etc.

Ao longo deste livro, ofereci pequenas doses do conhecimento transformador da Bíblia, que, ainda nos dias de hoje, segue indicando caminhos para que qualquer pessoa, religiosa ou não, possa se sair bem em sua vida: pessoal, conjugal e profissional. O objetivo do livro que você tem em mãos é lhe revelar uma parcela desse conhecimento.

No campo profissional, a eficácia dessas lições já foi comprovada por muitos. A todo momento, profissionais respeitados declaram ter construído suas carreiras com base em leis, princípios e valores bíblicos. Se você deseja ser bem-sucedido em sua carreira, Deus propõe uma série de medidas que, antes de serem conselhos espirituais, são leis da natureza e, por isso mesmo, têm seu pragmatismo comprovado.

Darei um passo atrás. Sei que você deseja sucesso profissional. Quem não gostaria de poder ser reconhecido e recompensado pelo trabalho? Mas a carreira e o salário não são a única forma de ser feliz e realizado. Nesse sentido, um conto expressa muito bem a ideia que quero apresentar: "Era uma vez um homem que se dedicava a ganhar dinheiro. Ganhar dinheiro era o seu prazer. O crescimento da sua fortuna lhe dava um delicioso sentimento de segurança quanto ao seu futuro. Assim, ele não gastava o que ganhava. Investia na bolsa de valores a fim de obter novos lucros e assim ter uma segurança maior ainda. Aconteceu que um investimento que fizera lhe deu lucros enormes, inesperados. Ele muito se alegrou e disse: 'Finalmente posso parar de trabalhar. Finalmente o meu futuro está garantido. Oh, minha alma! Descansa, come, bebe, regala-te, ama...'. Mas Deus lhe disse: 'Como és tolo... Não és dono do teu corpo e pensas que, com esse corpo que não te pertence, podes possuir alguma coisa? Mas hoje vão pedir a tua vida! Deverias ter gastado o que ganhaste enquanto a vida lhe era dada. Agora que a tua vida te é tirada, o que ajuntaste vai para outros... De que vale a um homem ganhar o mundo todo se, para ganhá-lo, deixa a sua vida no presente escorrer por entre os dedos...'". Estar satisfeito consigo mesmo, com suas conquistas e atitudes não está relacionado diretamente a ganhos materiais. Morar em uma bela casa e possuir um carro último modelo é bom, é agradável, mas muitos têm tudo isso e não estão satisfeitos.

O que você tem buscado? Que tipo de projeto tem sido agraciado com seu tempo, esforço e imaginação? Quais as coisas que você tem sacrificado para conseguir o que deseja? É uma boa troca?

Creio que com estudo, trabalho e a bênção de Deus, é possível melhorar de vida. O que se observa no Brasil é que muitos entendem que riqueza é sinônimo de que há algo errado por trás e acreditam que, para vencer na vida, valem mais a sorte e a fraude do que o estudo e o esforço. Em uma sociedade com valores distorcidos, se propagam teorias incorretas, como a "teologia da miséria" ou a "teologia da prosperidade", que, por falsos porém indutivos argumentos, mantêm as pessoas presas em uma espiral de mediocridade, da qual falsos religiosos se aproveitam.

Entenda algumas coisas: querer melhorar de vida não é pecado, nem materialismo; o dinheiro, quando obtido de forma honesta, não é sujo; querer prosperar não é sinônimo de ser ambicioso; Deus não vai fazer todo o trabalho por você, Ele pode mostrar as portas, mas atravessá-las é uma tarefa que lhe cabe.

É claro que o sucesso vai muito além da riqueza, mas uma condição pode ser consequência da outra. É um risco se interessar apenas pelo sucesso profissional e financeiro e se esquecer do sucesso pessoal e familiar, da boa fama, da credibilidade e do respeito pela sociedade. Por outro lado, não existimos para ficar frustrados no trabalho, limitados em nossos dons, endividados, sem dinheiro e sem perspectivas. Não é isso que queremos para nós. Não é isso que Deus deseja para nossa vida.

A escolha é o que chamamos de um bom problema. Se seu esforço e mérito, se suas atitudes fizeram com que você se tornasse próspero, não abra mão dos frutos de sua conquista e retribua para a sociedade o que ela investiu em você. Se ainda está buscando o sucesso, no entanto, tenho alguns conselhos para você.

Todas as pessoas terão, ao longo da sua trajetória, oportunidades para melhorar de vida. Isso significa que, independentemente da nossa origem social e econômica, com educação, cultura e família, é possível mudar a história que estamos vivendo. Essas oportunidades, no entanto, não serão as mesmas para todos, elas vão variar de acordo com algumas circunstâncias que estão fora do seu controle (economia do país, por exemplo) e outras pelas quais você é o único responsável (seu empenho, dedicação). Isso está na Bíblia: "Todos partilham um destino comum: o justo e o ímpio, o bom e o mau, o puro e o impuro, o que oferece sacrifícios e o que não oferece. O que acontece com o homem bom, acontece com o pecador; o que acontece com quem faz juramentos, acontece com quem teme fazê-los" (Eclesiastes 9:2). Cabe a você, portanto, utilizar todas as suas armas e batalhar pelas melhores chances.

Existem basicamente duas maneiras de obter sucesso em seus empreendimentos, ambas indissociavelmente relacionadas: amar o que você faz e passar a fazer algo que ama. Se você não gosta do que está fazendo (trabalho, estudo etc.), não terá motivação suficiente para progredir e não obterá sucesso. Por outro lado, se você ama o que faz ou desenvolve o interesse por isso, será cada vez mais produtivo e proficiente. Esse é o fundamento do empreendedor. E, para obter sucesso, você deve ser empreendedor, qualquer que seja seu trabalho, onde quer que você esteja.

Vale, para a busca pelo sucesso, a máxima bíblica: "Aquele que semeia pouco, também colherá pouco, e aquele que semeia com fartura, também colherá fartamente" (2Coríntios 9:6). Não seja mesquinho ou econômico com sua lavoura de sucesso: semeie muito trabalho, dedicação e amor ao que faz e prepare-se para uma colheita farta. Cumprir as nossas atividades com excelência é o mínimo. Contar com a recompensa que vem do Senhor é legítimo, e construir uma carreira profissional estável, vitoriosa e abençoada é o que podemos esperar como resultado de tudo isso. Alcançar sucesso profissional pode ser difícil e trabalhoso, e até podemos querer desistir, mas os que ficam e vencem são aqueles que conseguem realizar seus sonhos. No mais, o conselho de Paulo é uma joia valiosa para todo profissional: "Tudo o que fizerem, façam de todo o coração, como para o Senhor, e não para os homens, sabendo que receberão do Senhor a recompensa da herança. É a Cristo, o Senhor, que vocês estão servindo" (Colossenses 3:23-24).

Se você seguir as leis bíblicas do sucesso, vai conseguir excelentes resultados e alta performance. A lista das leis e suas referências podem ser encontradas gratuitamente no meu site, e você poderá assistir a minhas palestras gratuitas sobre esse tema no YouTube.

Concluo este capítulo dizendo que todo sucesso terreno dura, para nós, não mais do que cem anos, ao passo que ser salvo é algo para toda a eternidade. Tenha sucesso nisto: não se esqueça de que Jesus te ama e de que Ele morreu por você. Crie um relacionamento pessoal com Deus, busque-O, e Ele responderá de um jeito peculiar e especial, único, de acordo com os planos dEle para sua vida.

> Você já observou um homem habilidoso em seu trabalho? Será promovido ao serviço real; não trabalhará para gente obscura.
> **Provérbios 22:29**
>
> Os planos bem elaborados levam à fartura; mas o apressado sempre acaba na miséria.
> **Provérbios 21:5**
>
> Onde não há bois o celeiro fica vazio, mas da força do boi vem a grande colheita.
> **Provérbios 14:4**
>
> Se o machado está cego e sua lâmina não foi afiada, é preciso golpear com mais força; agir com sabedoria assegura o sucesso.
> **Eclesiastes 10:10**
>
> A vida de um homem não consiste na quantidade dos seus bens.
> **Lucas 12:15**
>
> Pois quem quiser salvar a sua vida, a perderá, mas quem perder a vida por minha causa, a encontrará. Pois, que adiantará ao homem ganhar o mundo inteiro e perder a sua alma? Ou, o que o homem poderá dar em troca de sua alma?
> **Mateus 16:25-26**

É melhor ter pouco com o temor do Senhor do que grande riqueza com inquietação. É melhor ter verduras na refeição onde há amor do que um boi gordo acompanhado de ódio.
Provérbios 15:16-17

Erga a voz em favor dos que não podem defender-se, seja o defensor de todos os desamparados. Erga a voz e julgue com justiça; defenda os direitos dos pobres e dos necessitados.
Provérbios 31:8-9

Vocês não sabem que, dentre todos os que correm no estádio, apenas um ganha o prêmio? Corram de tal modo que alcancem o prêmio. Todos os que competem nos jogos se submetem a um treinamento rigoroso, para obter uma coroa que logo perece; mas nós o fazemos para ganhar uma coroa que dura para sempre. Sendo assim, não corro como quem corre sem alvo, e não luto como quem esmurra o ar. Mas esmurro o meu corpo e faço dele meu escravo, para que, depois de ter pregado aos outros, eu mesmo não venha a ser reprovado.
1Coríntios 9:24-27

Quem cava um poço cairá nele; quem derruba um muro será picado por uma cobra. Quem arranca pedras, com elas se ferirá; quem racha lenha se arrisca. Se o machado está cego e sua lâmina não foi afiada, é preciso golpear com mais força; agir com sabedoria assegura o sucesso. Se a cobra morder antes de ser encantada, para que servirá o encantador? As palavras do sábio lhe trazem benefícios, mas os lábios do insensato o destroem.
Eclesiastes 10:8-12

Escravos, obedeçam a seus senhores terrenos com respeito e temor, com sinceridade de coração, como a Cristo. Obedeçam-lhes não ape-

nas para agradá-los quando eles os observam, mas como escravos de Cristo, fazendo de coração a vontade de Deus. Sirvam aos seus senhores de boa vontade, como ao Senhor, e não aos homens, porque vocês sabem que o Senhor recompensará a cada um pelo bem que praticar, seja escravo, seja livre. Vocês, senhores, tratem seus escravos da mesma forma. Não os ameacem, uma vez que vocês sabem que o Senhor deles e de vocês está nos céus, e ele não faz diferença entre as pessoas.
Efésios 6:5-9

"Por que vocês me chamam 'Senhor, Senhor' e não fazem o que eu digo? Eu lhes mostrarei a que se compara aquele que vem a mim, ouve as minhas palavras e as pratica. É como um homem que, ao construir uma casa, cavou fundo e colocou os alicerces na rocha. Quando veio a inundação, a torrente deu contra aquela casa, mas não a conseguiu abalar, porque estava bem construída. Mas aquele que ouve as minhas palavras e não as pratica é como um homem que construiu uma casa sobre o chão, sem alicerces. No momento em que a torrente deu contra aquela casa, ela caiu, e a sua destruição foi completa."
Lucas 6:46-49

Aqueles que semeiam com lágrimas, com cantos de alegria colherão. Aquele que sai chorando enquanto lança a semente voltará com cantos de alegria, trazendo os seus feixes.
Salmos 126:5-6 (125:5-6)

Outros textos interessantes:
　Salmo 15 (14)
　Salmo 18 (17)
　Salmo 112 (111)
　Salmo 125 (124)
　Salmo 128 (127)

39. VENCIDO OU DERROTADO

O peso da história sempre recai sobre o triunfo dos vencedores; poucas vezes se ouve sobre o destino dos derrotados, não é dada muita ênfase nem mesmo ao caminho de erros e fracassos dos próprios vencedores.

Como "guru dos concursos", costumo iniciar minhas palestras falando sobre as inúmeras reprovações que amarguei. Todas elas, parte indispensável do que me tornei, da experiência que obtive para as aprovações. Como empresário, falo sobre os negócios que faliram sob minha gerência antes de alcançar o sucesso. Por trás de histórias de sucesso, o que vemos são histórias de luta e fracassos. Afinal, não é duradoura uma vitória sem luta.

George Washington, símbolo da democracia americana, foi mais um que colecionou reveses. No Exército, foi rebaixado de patente, perdeu dinheiro nos negócios, perdeu eleições para cargos públicos e até mesmo para a presidência dos Estados Unidos. Mas não desistiu e alcançou seu objetivo, alterando completamente a história por meio de seus feitos.

Por vivermos nessa cultura de vencedores, não aprendemos a perder, a compreender que também há glória na derrota. Perder, ser derrotado, ser o segundo é honroso. Apenas uma derrota é ruim: a derrota daqueles que abandonam a corrida ou que defraudam seus resultados. A vitória e a derrota são situações, não definem pessoas. Ter "perdido" em qualquer área da sua vida não determina quem você é. Como você lida com essa derrota e o que aprende com ela é o que dirá ao mundo quem você verdadeiramente é.

> Como o Filho do homem, que não veio para ser servido, mas para servir e dar a sua vida em resgate por muitos.
> Mateus 20:28

Que diremos, pois, diante dessas coisas? Se Deus é por nós, quem será contra nós? Aquele que não poupou a seu próprio Filho, mas o entregou por todos nós, como não nos dará juntamente com ele, e de graça, todas as coisas? Quem fará alguma acusação contra os escolhidos de Deus? É Deus quem os justifica. Quem os condenará? Foi Cristo Jesus que morreu; e mais, que ressuscitou e está à direita de Deus, e também intercede por nós. Quem nos separará do amor de Cristo? Será tribulação, ou angústia, ou perseguição, ou fome, ou nudez, ou perigo, ou espada? Como está escrito: "Por amor de ti enfrentamos a morte todos os dias; somos considerados como ovelhas destinadas ao matadouro". Mas, em todas estas coisas somos mais que vencedores, por meio daquele que nos amou. Pois estou convencido de que nem morte nem vida, nem anjos nem demônios, nem o presente nem o futuro, nem quaisquer poderes, nem altura nem profundidade, nem qualquer outra coisa na criação será capaz de nos separar do amor de Deus que está em Cristo Jesus, nosso Senhor.
Romanos 8:31-39

Escrevemos estas coisas para que a nossa alegria seja completa. Esta é a mensagem que dele ouvimos e transmitimos a vocês: Deus é luz; nele não há treva alguma. Se afirmarmos que temos comunhão com ele, mas andamos nas trevas, mentimos e não praticamos a verdade. Se, porém, andamos na luz, como ele está na luz, temos comunhão uns com os outros, e o sangue de Jesus, seu Filho, nos purifica de todo pecado. Se afirmarmos que estamos sem pecado, enganamo-nos a nós mesmos, e a verdade não está em nós. Se confessarmos os nossos pecados, ele é fiel e justo para perdoar os nossos pecados e nos purificar de toda injustiça.
1João 1:4-9

Um homem sozinho pode ser vencido, mas dois conseguem defender-se. Um cordão de três dobras não se rompe com facilidade.
Eclesiastes 4:12

Outros textos interessantes:
Salmo 6
Salmo 91 (90)
Salmo 139 (138)

40. VINGANÇA – DESEJO DE SE VINGAR/SER VINGATIVO

Deus escolheu algumas coisas para dividir com os homens, outras guardou para Si. A gestão do planeta é nossa, o que demonstra Sua confiança. É o que diz o Salmo 115:16 (113:24): "Os mais altos céus pertencem ao Senhor, mas a terra ele a confiou ao homem". Entre as coisas que Ele guardou para Si, temos, por exemplo, o resgate pelos pecados (pelo sacrifício de Jesus, seu próprio Filho) e estar na posição de divindade ("Não terás outros deuses", diz a lei). Entre as coisas que Deus, e só Ele, pode fazer, está a vingança. Simples assim: a vingança não é um assunto dos homens.

O desejo de se vingar é bastante natural. Querer retribuir uma ofensa ou agressão é da nossa natureza animal. Olho por olho, dente por dente. Aliás, muitos preferem quebrar vários dentes do outro para cada dente nosso que for quebrado. Nesse sentido, o Direito mostra que a "Lei de Talião", que preconiza essa máxima, já foi uma evolução ao preconizar a proporcionalidade das penas. Jesus, porém, ao proferir o Sermão do Monte, tornou a regra diferente:

Vocês ouviram o que foi dito: "Olho por olho e dente por dente". Mas eu lhes digo: Não resistam ao perverso. Se alguém o ferir na face

direita, ofereça-lhe também a outra. E se alguém quiser processá-lo e tirar-lhe a túnica, deixe que leve também a capa. Se alguém o forçar a caminhar com ele uma milha, vá com ele duas. Dê a quem lhe pede, e não volte as costas àquele que deseja pedir-lhe algo emprestado. Vocês ouviram o que foi dito: "Ame o seu próximo e odeie o seu inimigo". Mas eu lhes digo: Amem os seus inimigos e orem por aqueles que os perseguem, para que vocês venham a ser filhos de seu Pai que está nos céus. Porque ele faz raiar o seu sol sobre maus e bons e derrama chuva sobre justos e injustos. Se vocês amarem aqueles que os amam, que recompensa receberão?
Mateus 5:38-46

Eis o padrão, e ele não é fácil de ser seguido. Não só não podemos nos vingar, como também devemos amar nossos inimigos. As pessoas criticam muito o Antigo Testamento, mas ele apresenta regras bem interessantes sobre os inimigos, como: "Se você encontrar perdido o boi ou o jumento que pertence ao seu inimigo, leve-o de volta a ele" (Êxodo 23:4) e "Se o seu inimigo tiver fome, dê-lhe de comer; se tiver sede, dê-lhe de beber" (Provérbios 25:21). Até mesmo em tempos de guerra, o conflito não deveria ser a primeira opção: "Quando vocês avançarem para atacar uma cidade, enviem-lhe primeiro uma proposta de paz" (Deuteronômio 20:10).

Algumas das lógicas para a vingança ser proibida foram percebidas pelo pastor Martin Luther King Jr. Ele entendeu que o agressor era um ser humano que tinha sido educado de maneira errada, ou vivido em uma cultura distinta ou, ainda, vivenciado tragédias pessoais que o levavam a ser como era. Diante disso, só Deus tem como saber como aplicar a exata medida da retribuição. Só Deus pode ser juiz de uma punição tão complexa quanto a vingança. Se ela excede a culpa, se torna uma nova agressão que justifica a vingança. Nesse sentido, Gandhi diz: "Olho por olho e todos terminaremos cegos". Abrir mão da vingança é reconhecer que Deus será um juiz mais justo e capaz do que nós. Ao lado disso, abrir mão da vingança é encerrar um ciclo de agressões contínuas, recíprocas e provavelmente progressivas.

O presidente Nelson Mandela e o arcebispo Desmond Tutu conseguiram evitar um banho de sangue na África do Sul quando criaram a Comissão da Verdade e da Reconciliação. Esses homens escolheram promover confissões, reparações e perdão em vez de castigo e revanchismo. Abrir mão da vingança, deixando-a com Deus, tornará você mais leve e ainda pode ser uma forma de abrir a porta para a paz. A melhor forma de se destruir um inimigo é torná-lo seu amigo.

Carregar o desejo de vingança é como atirar pedras de carvão. Algumas acertarão o alvo e o sujarão, mas você, certamente, será o que mais sofrerá com as consequências do seu ato. Por outro lado, deixar a pessoa que nos fez mal sem nosso desejo de vingança, e ainda por cima tendo de viver com o que ela fez, com sua consciência, às vezes é a vingança mais terrível do mundo. Pense nisto: a pessoa continuará a ter de conviver consigo! Até o dia em que evoluir, ela será péssima companhia para todos, até para si mesma.

Enfim, você precisa ter coragem para guardar suas "armas". Em geral, é preciso ser mais corajoso para perdoar do que para lutar. No momento da injusta prisão de Jesus, Pedro atacou e feriu um guarda com sua espada, mas Jesus curou a ferida do guarda e disse a Pedro: "Guarde a espada! Pois todos os que empunham a espada, pela espada morrerão" (Mateus 26:52).

Quando Deus nos toma a vingança, Ele quer nos tornar mais leves, tirar de nós uma tarefa difícil (punir na medida exata da justiça), evitar uma espiral de violência. E dentre todos os benefícios: liberar nosso tempo para uma agenda positiva. Como diz uma ótima frase atribuída a Renato Russo: "Não tenho tempo de odiar quem me odeia... Estou ocupado demais amando quem me ama". Penso que é uma boa ideia.

> Este é o Deus que em meu favor executa vingança, que a mim sujeita nações.
> **Salmos 18:47 (17:48)**

> Irmãos, não falem mal uns dos outros. Quem fala contra o seu irmão ou julga o seu irmão fala contra a Lei e a julga. Quando você julga a Lei, não a está cumprindo, mas está se colocando como juiz. Há apenas um Legislador e Juiz, aquele que pode salvar e destruir. Mas quem é você para julgar o seu próximo?
> **Tiago 4:11-12**

> Amados, nunca procurem vingar-se, mas deixem com Deus a ira, pois está escrito: "Minha é a vingança; eu retribuirei", diz o Senhor.
> **Romanos 12:19**

Outros textos interessantes:
Salmo 31 (30)
Salmo 34 (33)
Salmo 41 (40)

Anexos

Como complemento ao conteúdo do livro, disponibilizo algumas orações que, além de uma manifestação de fé e uma forma de contato com a divindade, expressam desejos e valores verdadeiramente engrandecedores. As orações que escolhemos não são apenas uma conversa com Deus, mas também uma lição de vida. Além da resposta de Deus a quem o procura, as orações apresentam atitudes, propósitos e comportamentos que, por si, já são capazes de transformar a realidade, são potências de mudança.

Oração da Serenidade

Deus, conceda-me serenidade para aceitar
as coisas que não posso mudar.
Coragem para mudar as coisas que eu posso,
e sabedoria para saber a diferença.
Vivendo um dia de cada vez,
desfrutando um momento de cada vez.
Aceitando as dificuldades como
o caminho para alcançar a paz.
Considerando o mundo pecador como ele é,
e não como eu gostaria que fosse.
Confiando que endireitarás todas as coisas
se eu me submeter à Tua vontade.
Para que eu possa ser moderadamente feliz nesta vida.
E sumamente feliz contigo na Eternidade.
Amém.
Reinhold Niebuhr

Oração da Paz

Senhor, fazei-me instrumento de Vossa paz.
Onde houver ódio, que eu leve o amor;
Onde houver ofensa, que eu leve o perdão;
Onde houver discórdia, que eu leve a união;
Onde houver dúvida, que eu leve a fé;
Onde houver erro, que eu leve a verdade;
Onde houver desespero, que eu leve a esperança;
Onde houver tristeza, que eu leve a alegria;
Onde houver trevas, que eu leve a luz.
Ó Mestre, fazei que eu procure mais consolar que ser consolado, compreender que ser compreendido, amar que ser amado.
Pois é dando que se recebe, é perdoando que se é perdoado, e é morrendo que se vive para a vida eterna.
Francisco de Assis

Que Eu Chegue a Ti, Senhor

Que eu chegue a Ti, Senhor, por um caminho seguro e reto; caminho que não se desvie nem na prosperidade nem na adversidade, de tal forma que eu te dê graças nas horas prósperas e, nas adversas, conserve a paciência, não me deixando exaltar pelas primeiras nem abater pelas outras. Que nada me alegre ou entristeça, exceto o que me conduza a Ti ou que de Ti me separe. Que eu não deseje agradar nem receie desagradar senão a Ti.

Concede-me a graça de erguer continuamente o coração a Ti e que, quando eu caia, me arrependa. Torna-me, Senhor meu Deus, obediente, rico e casto; paciente, sem reclamação; humilde, sem fingimento; alegre, sem dissipação; triste, sem abatimento; reservado, sem rigidez; ativo, sem leviandade; animado pelo temor, sem desânimo; sincero, sem duplicidade; fazendo o bem sem presunção; corrigindo o próximo sem altivez; edificando-o com palavras e exemplos, sem falsidade; um coração firme, que nenhuma adversidade abale; um coração livre, que nenhuma paixão subjugue.

Concede-me, Senhor meu Deus, uma inteligência que Te conheça, uma vontade que Te busque, uma sabedoria que Te encontre, uma vida que Te agrade, uma perseverança que Te espere com confiança e uma confiança que Te possua, enfim. Amém.

Tomás de Aquino

Pai-Nosso
(Lucas 11:1-4 e Mateus 6:9-13)

Certo dia Jesus estava orando em determinado lugar. Tendo terminado, um dos seus discípulos lhe disse: "Senhor, ensina-nos a orar, como João ensinou aos discípulos dele". Ele lhes disse: "Vocês orem assim:

'Pai nosso, que estás nos céus, santificado seja o teu nome!

Venha o teu Reino; seja feita a tua vontade, assim na terra como no céu.

Dá-nos hoje o nosso pão de cada dia.

Perdoa as nossas dívidas, assim como perdoamos aos nossos devedores.

E não nos deixes cair em tentação, mas livra-nos do mal, porque teu é o Reino, o poder e a glória para sempre.

Amém'".

O Amor
(1Coríntios 13)

Ainda que eu fale as línguas dos homens e dos anjos, se não tiver amor, serei como o sino que ressoa ou como o prato que retine. Ainda que eu tenha o dom de profecia e saiba todos os mistérios e todo o conhecimento, e tenha uma fé capaz de mover montanhas, mas não tiver amor, nada serei. Ainda que eu dê aos pobres tudo o que possuo e entregue o meu corpo para ser queimado, mas não tiver amor, nada disso me valerá. O amor é paciente, o amor é bondoso. Não inveja, não se vangloria, não se orgulha. Não maltrata, não procura seus interesses, não se ira facilmente, não guarda rancor. O amor não se alegra com a injustiça, mas se alegra com a verdade. Tudo sofre, tudo crê, tudo espera, tudo suporta. O amor nunca perece; mas as profecias desaparecerão, as línguas cessarão, o conhecimento passará. Pois em parte conhecemos e em parte profetizamos; quando, porém, vier o que é perfeito, o que é imperfeito desaparecerá. Quando eu era menino, falava como menino, pensava como menino e raciocinava como menino. Quando me tornei homem, deixei para trás as coisas de menino. Agora, pois, vemos apenas um reflexo obscuro, como em espelho; mas, então, veremos face a face. Agora conheço em parte; então, conhecerei plenamente, da mesma forma como sou plenamente conhecido. Assim, permanecem agora estes três: a fé, a esperança e o amor. O maior deles, porém, é o amor.

Oração do Amor

Senhor, ilumina meus olhos para que eu veja os defeitos
da minha alma e, vendo-os, para que eu
não comente os defeitos alheios.
Senhor, leva de mim a tristeza
e não a entregues a mais ninguém...
Encha meu coração com a divina fé, para sempre louvar
o Teu nome, e arranca de mim o orgulho e a presunção.
Senhor, faz de mim um ser humano realmente justo...
Dá-me a esperança de vencer minhas ilusões todas.
Planta em meu coração a sementeira do amor
e ajuda-me a fazer feliz o maior número possível
de pessoas, para ampliar seus dias risonhos
e resumir suas noites tristonhas...
Transforma meus rivais em companheiros, meus companheiros
em amigos e meus amigos em entes queridos...
Não permitas que eu seja
um cordeiro perante os fortes, nem um leão perante os fracos...
Dá-me, Senhor, o sabor de perdoar
e afasta de mim o desejo de vingança,
mantendo sempre em meu coração somente o amor.
Anônimo

"Agir com sabedoria assegura o sucesso."
Eclesiastes 10:10b

"Como é feliz o homem que acha a sabedoria, o homem que obtém entendimento, pois a sabedoria é mais proveitosa do que a prata e rende mais do que o ouro."
Provérbios 3:13-14

"Os planos bem elaborados levam à fartura."
Provérbios 21:5

"Você já observou um homem habilidoso em seu trabalho?
Será promovido ao serviço real;
não trabalhará para gente obscura."
Provérbios 22:29

"Com sabedoria se constrói a casa,
e com discernimento se consolida. Pelo conhecimento os
seus cômodos se enchem do que é precioso e agradável.
O homem sábio é poderoso, e quem tem conhecimento
aumenta a sua força; quem sai à guerra precisa de
orientação, e com muitos conselheiros se obtém a vitória."
Provérbios 24:3-6

**Você também pode encontrar
os salmos e provérbios
de acordo com a NVI no QR code abaixo:**

A farmácia da alma

Anote aqui seus versículos favoritos da Bíblia e monte sua própria farmácia da alma para aplacar o coração nos momentos difíceis.

_____
_____
_____
_____
_____
_____
_____
_____
_____
_____
_____
_____

Acreditamos
nos livros

Este livro foi composto em ITC New Baskerville e
Bliss Pro e impresso pela Gráfica Santa Marta para a
Editora Planeta do Brasil em janeiro de 2022.